成本会计模拟实训教程
（第2版）

何劲军 主 编

电子工业出版社
Publishing House of Electronics Industry
北京·BEIJING

内 容 简 介

本书对制造企业的成本会计资料进行了模拟，按照制造企业成本会计处理的真实情况组织实施，将实训内容适当分布在整个成本会计流程处理的环节，使实训的内容更加接近实际工作。全书分为9个实训内容，即费用的划分、直接材料费用的归集与分配、职工薪酬的归集与分配、辅助生产费用的归集与分配、品种法、分批法、分步法、作业成本法及标准成本法。

本书既可作为大中专院校成本会计课程的实训教材，也可作为从事会计相关工作人员的培训用书。

未经许可，不得以任何方式复制或抄袭本书之部分或全部内容。
版权所有，侵权必究。

图书在版编目（CIP）数据

成本会计模拟实训教程 / 何劲军主编. —2版. —北京：电子工业出版社，2021.1
ISBN 978-7-121-40317-0

Ⅰ. ①成… Ⅱ. ①何… Ⅲ. ①工业会计－成本会计－高等学校－教材 Ⅳ. ①F406.72

中国版本图书馆 CIP 数据核字（2020）第 266323 号

责任编辑：朱干支
印　　刷：三河市鑫金马印装有限公司
装　　订：三河市鑫金马印装有限公司
出版发行：电子工业出版社
　　　　　北京市海淀区万寿路173信箱　邮编　100036
开　　本：787×1092　1/16　印张：12　字数：307.2千字
版　　次：2017年1月第1版
　　　　　2021年1月第2版
印　　次：2021年1月第1次印刷
定　　价：39.00元

凡所购买电子工业出版社图书有缺损问题，请向购买书店调换。若书店售缺，请与本社发行部联系，联系及邮购电话：(010) 88254888，88258888。

质量投诉请发邮件至 zlts@phei.com.cn，盗版侵权举报请发邮件至 dbqq@phei.com.cn。

本书咨询联系方式：(010) 88254573，zgz@phei.com.cn。

前　言

　　成本会计模拟实训是成本会计教学的一个重要环节，目的是使学员能够针对制造企业的产品成本进行核算。通过填制各种生产费用分配表，明确要素费用的归集和分配；通过生产成本明细账的登记，掌握产品成本计算方法和计算程序。

　　为了让学生在学习中掌握成本会计具体计算方法和程序，本书对制造企业的成本会计资料进行了模拟。按照企业成本会计处理的真实情况组织实施，将实训内容适当分布在整个成本会计流程处理的环节，使实训的内容更加接近实际工作。

　　会计模拟实训的特点在于全面性、仿真性和可控性，这能够让学生有真实的会计工作岗位感觉，又便于教师指导，从而达到较好的教学效果。因此，我们依据在会计实际工作中发生的业务，对其中的原始凭证进行仿真，尽量减少学生熟悉的业务说明，力图模拟企业真实的成本会计核算过程，使本书具有较强的仿真性。

　　本书由何劲军担任主编。在编写过程中得到了广西财经学院继续教育学院领导的支持和帮助，得到了各有关方面专家、学者的指导和帮助，并参阅了同行专家的相关研究成果和收集的案例，在此表示衷心的感谢！

　　由于时间仓促和水平有限，资料的收集不够充分，书中难免存在不足之处，恳请读者、专家批评指正。

编　者

修 订 说 明

《成本会计模拟实训教程》一书出版后，受到了有关学校的关注。在使用过程中，一些任课教师提出了宝贵的意见和建议，对此表示衷心的感谢！为了进一步突出以应用能力培养为本的教学理念，加强成本计算应用的训练，适应教学的需要，修订版增加了标准成本法的实训内容。

在修订过程中，参考了一些相关的论著，引用了一些例文（有的略有删改），在此一并向原作者表示诚挚的谢意！

由于时间仓促和水平有限，书中难免存在一些不足和不妥之处，恳请广大师生及读者批评指正。

编　者

2020 年 7 月

目　　录

实训 1　费用的划分 …………………………………………………………………… 1

实训 2　直接材料费用的归集与分配 …………………………………………………… 5

实训 3　职工薪酬的归集与分配 ……………………………………………………… 115

实训 4　辅助生产费用的归集与分配 ………………………………………………… 135

实训 5　品种法 ………………………………………………………………………… 147

实训 6　分批法 ………………………………………………………………………… 161

实训 7　分步法 ………………………………………………………………………… 165

实训 8　作业成本法 …………………………………………………………………… 169

实训 9　标准成本法 …………………………………………………………………… 175

实训 1

费用的划分

一、实训目的

通过实训让学生熟悉成本核算的要求，掌握正确划分各种费用支出的界限。

1. 执行企业会计准则规定的成本计量要求

成本是企业为生产产品、提供劳务而发生的各种经济资源的耗费。生产经营过程同时也是资产的耗费过程。这些资产的耗费，在企业内部表现为由一种资产转变为另一种资产，是资产内部的相互转变，不会导致企业所有者权益的减少，不是经济利益流出企业，因此不是企业的费用。

2. 正确划分各种成本耗费的界限

（1）正确划分成本与期间费用的界限。成本是在购买材料、生产产品或提供劳务过程中发生的，并由产品或劳务负担的耗费；期间费用是指企业当期发生的必须从当期收入得到补偿的经济利益的总流出。期间费用不应由产品或劳务负担。因此，期间费用不计入产品或劳务成本，而直接计入当期损益。

（2）正确划分各期的产品成本界限。划清各期产品成本的依据是权责发生制和受益原则。某项耗费是否应计入本月存货成本及应计入多少，取决于是否应由本月负担及受益量的大小。某项耗费是否应计入本月产品成本，不取决于成本金额的大小，而决定于本月产品是否受益，只要是本月产品受益的耗费，就应计入本期产品成本；只要是由本月与以后各月共同受益的耗费，就应在相关期内采用适当方法进行合理计量。

（3）正确划分各种产品的成本界限。企业已发生的各种生产成本中，还必须划清应由哪种产品负担。划分的依据是受益原则，即哪一种产品受益，就由哪一种产品负担。凡是能直接确定应由某种产品负担的直接耗费，就应直接计入该种产品成本。凡是能确定由几种产品共同负担的耗费，就应采用适当分配方法，合理地分配计入相关产品成本。

（4）正确划分完工产品和在产品的成本界限。通过以上成本界限的划分，确定了各种产品本月应负担的生产成本。月末，如果某产品已经全部完工，则本月发生的生产成本全部计入该完工产品；如果该产品全部尚未完工，则本月发生的生产成本全部计入未完工产品。如果某种产品既有完工产品又有在产品，就需要采用适当的分配方法，将产品应负担的成本在完工产品和在产品之间进行分配，分别计算出完工产品应负担的成本和在产品应负担的成本。

上月月末尚未完工的在产品，转入本月继续加工，其上月月末分配负担的成本即为本月初在产品成本。月初在产品成本、本月生产成本、本月完工产品成本和月末在产品成本四者之间的关系如下：

月初在产品成本＋本月生产成本＝本月完工产品成本＋月末在产品成本

上述公式中，本月完工产品应负担的成本，即为本月完工产品成本。为了划清这一成本界限，首先要正确计算完工产品和在产品的数量，然后才能在数量计算的基础上进行成本的分配。

3．做好成本核算的基础工作

为了进行成本审核、控制，正确计算产品成本，还必须做好以下各项基础工作。

（1）定额的制定和修订。产品的消耗定额是编制成本计划、分析和考核成本水平的依据，也是审核和控制耗费的标准。企业应当制定和修订先进而又可行的原材料、燃料、动力和工时等项消耗定额，并据以审核各项耗费是否合理，是否节约，借以控制耗费，降低成本。

（2）材料物资的计量、收发、领退和盘点。为了进行成本管理和成本核算，还必须对材料物资的计量、收发、领退和盘点工作，建立和健全材料物资的计量、收发、领退和盘点制度。

（3）原始记录。为了进行成本核算和管理，对于生产过程中工时和动力的耗费，在产品和半成品的内部转移，以及产品质量的检验结果等，均应做出真实、完整的记录。

（4）厂内计划价格的制定和修订。在计划管理基础较好的企业中，为了分清企业内部各单位的经济责任，便于分析和考核内部各单位成本计划的完成情况，还应对材料、半成品和厂内各车间相互提供的劳务（如运输、修理等）制定厂内计划价格，作为内部结算和考核的依据。厂内计划价格应该尽可能接近实际并相对稳定，年度内一般不做变更。

4．选择适当的成本计算方法

企业在进行成本核算时，应根据本企业的具体情况，选择适合于本企业特点的成本计算方法进行成本核算。成本计算方法的选择，应同时考虑企业生产类型的特点和管理的要求两个方面。在同一个企业中，既可以采用一种成本计算方法；也可以采用多种成本计算方法，即多种成本计算方法结合使用。成本计算方法一经选定，一般不得随意变更。

5．成本核算使用的主要科目

为了按照用途归集各项成本，划清有关成本的界限，正确计算产品成本，应当设置"生产成本""制造费用"科目。

二、实训资料

南方纸业有限责任公司 2020 年 8 月发生的有关费用如下：

（1）本月购入原材料 150 000 元，其中，生产产品耗用 100 000 元，公司管理部门耗用 5 000 元，公司福利部门耗用 2 000 元；

（2）本月支付水电费 60 000 元，其中生产产品耗用 40 000 元，生产车间耗用 15 000 元，公司管理部门耗用 5 000 元；

（3）本月生产车间工人薪酬 500 000 元，车间管理人员薪酬 200 000 元，公司管理人员薪酬 100 000 元，销售人员薪酬 100 000 元；

（4）本月公司计提固定资产折旧 500 000 元，其中，生产车间设备计提的折旧费 450 000 元，公司行政管理部门设备计提的折旧费 50 000 元；

（5）本月固定资产报废净损失 5 000 元；

（6）本月公司支付修理费 70 000 元，其中，生产车间设备修理费 55 000 元，公司行政管理部门设备修理费 5 000 元，销售部专用办公设备折旧费 10 000 元；

（7）本月预付材料款 60 000 元，材料尚未收到；

（8）本月销售产品过程中发生运输费 5 000 元、装卸费 2 000 元；

（9）本月支付宣传新产品发生广告费 80 000 元；

（10）本月支付拓展产品销售市场发生业务招待费 50 000 元；

（11）本月支付一项产品的设计方案咨询费 30 000 元；

（12）本月支付本月应负担的短期借款利息 24 000 元，银行手续费 400 元；

（13）本月预提借款利息 1 500 元；

（14）本月购入作为交易性金融资产的股票 20 000 元，另支付手续费 1 000 元；

（15）本月支付税款滞纳金 30 000 元。

三、实训要求

根据实训资料填写下列表格：

项　　目		金额（元）
生产费用	直接材料	
	直接人工	
	制造费用	
	小计	
期间费用	管理费用	
	销售费用	
	财务费用	
	小计	

实训 2
直接材料费用的归集与分配

一、实训目的

通过实训让学生熟悉直接材料费用的归集与分配，掌握直接材料费用的计算方法。

对于直接用于产品生产、构成产品实体的原材料，包括直接用于产品生产的材料、燃料和动力等各项要素费用，无论是外购的，还是自制的，一般产品领用应根据领退料凭证直接计入相应产品成本的"直接材料"项目。如果是几种产品共同耗用的材料成本，则应采用适当的分配方法，分配计入各有关产品成本的"直接材料"项目。

分配标准的选择可依据材料消耗与产品的关系，对于材料、燃料耗用量与产品重量、体积有关的，按其重量或体积分配，如以生铁为原材料生产各种铁铸件，应以生产的铁铸件的重量比例为分配依据；燃料也可以按照所耗用的原材料作为分配标准；动力一般按用电（或水）度（或吨）数，也可按产品的生产工时或机器工时进行分配。相应的计算公式为：

材料、燃料、动力费用分配率=材料、燃料、动力消耗总额/
分配标准（如产品重量、耗用的原材料、生产工时等）

某种产品应负担的材料、燃料、动力费用=该产品的重量、耗用的原材料、生产工时等
×材料、燃料、动力费用分配率

在消耗定额比较稳定、准确的情况下，通常采用材料定额消耗量比例或材料定额成本的比例进行分配，计算公式如下：

$$分配率 = \frac{材料实际总消耗量（或实际成本）}{各种产品材料定额消耗量（或定额成本）之和}$$

某种产品应分配的材料数量（或成本）=该种产品的材料定额消耗量（或定额成本）×分配率

直接用于产品生产、专设成本项目的各种直接材料成本，应借记"生产成本——基本生产成本"科目及其所属各产品成本明细账"直接材料"等成本项目。企业应根据发出材料的成本总额，贷记"原材料"等科目。

二、实训资料

企业概况：南方纸业有限责任公司是一家多步骤、大批量生产的股份有限公司，注册资本1.2亿元。该公司主要产品为纸浆、新闻纸和书写纸。

生产车间：公司生产过程由制浆和造纸两个步骤组成，设有制浆、造纸两个基本生产车间，以及设有供水、供电和锅炉三个辅助生产车间。

生产流程：原材料由林场砍伐后运至原木堆场储存，经切断、剥皮、削片和筛选，制得的合格木片送制浆车间，经过蒸汽、洗涤、脱水、挤压、筛选、漂白、磨浆等工序，制成机浆，送造纸车间；造纸车间以自制的机浆和化学木浆为原料，经配浆、筛选、造纸机造成纸、复卷机分切及自动化输送、包装后，制成平板纸入库。

其工艺流程如下图所示。

公司成本核算采用品种法。基本生产车间分别以纸浆、新闻纸和书写纸作为成本计算，设置成本计算明细账。供水、供电和锅炉三个辅助生产车间分别以提供的劳务水、电和蒸汽作为成本计算，设置辅助生产明细账。

公司存货分为原料及主要材料、辅助材料、燃料、包装材料和其他材料五类，按实际成本计价，发出材料成本采用月末一次加权平均法计算。

造纸车间本月完工产品如下：新闻纸产量20 000吨，书写纸产量23 000吨。

公司2020年8月份材料发出情况如下。

1. 原料及主要材料

生产车间生产产品领用原料及主要材料如下。

（编辑注：为了保证原始资料的真实性，书中的非法定计量单位未做变更。）

领 料 单

领料部门：制浆车间　　　　　2020年8月1日　　　　　字第001号

材料编号	材料名称	规　格	单　位	请领数量	实发数量	价　格 单　价	金　额
1001	木片		吨	50	50	1 200	60 000

用途	制浆	领料部门		发料部门	
		负责人	领料人	核准人	发料人
		王　刚	李　俊	万　海	朱　鹏

领 料 单

领料部门：制浆车间　　　　　　2020年8月1日　　　　　　字第002号

材料编号	材料名称	规 格	单 位	请领数量	实发数量	价　格	
						单 价	金 额
1101	烧碱		吨	1	1	2 500	2 500
用途	制浆			领料部门			发料部门	
		负责人		领料人		核准人	发料人
		王　刚		李　俊		万　海	朱　鹏

领 料 单

领料部门：制浆车间　　　　　　2020年8月1日　　　　　　字第003号

材料编号	材料名称	规 格	单 位	请领数量	实发数量	价　格	
						单 价	金 额
1102	亚硫酸钠		吨	0.5	0.5	2 600	1 300
用途	制浆			领料部门			发料部门	
		负责人		领料人		核准人	发料人
		王　刚		李　俊		万　海	朱　鹏

领 料 单

领料部门：制浆车间　　　　　　2020年8月1日　　　　　　字第004号

材料编号	材料名称	规 格	单 位	请领数量	实发数量	价　格	
						单 价	金 额
1103	双氧水		吨	1	1	1 150	1 150
用途	制浆			领料部门			发料部门	
		负责人		领料人		核准人	发料人
		王　刚		李　俊		万　海	朱　鹏

领 料 单

领料部门：制浆车间　　　　　2020 年 8 月 1 日　　　　　字第 005 号

材料编号	材料名称	规 格	单 位	请领数量	实发数量	价 格 单 价	价 格 金 额
1104	硅酸钠		吨	6	6	600	3 600

用途	制浆	领料部门		发料部门	
		负责人	领料人	核准人	发料人
		王 刚	李 俊	万 海	朱 鹏

领 料 单

领料部门：制浆车间　　　　　2020 年 8 月 4 日　　　　　字第 020 号

材料编号	材料名称	规 格	单 位	请领数量	实发数量	价 格 单 价	价 格 金 额
1001	木片		吨	50	50	1 200	60 000

用途	制浆	领料部门		发料部门	
		负责人	领料人	核准人	发料人
		王 刚	李 俊	万 海	朱 鹏

领 料 单

领料部门：制浆车间　　　　　2020 年 8 月 4 日　　　　　字第 021 号

材料编号	材料名称	规 格	单 位	请领数量	实发数量	价 格 单 价	价 格 金 额
1101	烧碱		吨	1	1	2 500	2 500

用途	制浆	领料部门		发料部门	
		负责人	领料人	核准人	发料人
		王 刚	李 俊	万 海	朱 鹏

领 料 单

领料部门：制浆车间　　　　　　2020 年 8 月 4 日　　　　　　字第 022 号

材料编号	材料名称	规　格	单　位	请领数量	实发数量	价　格	
						单　价	金　额
1102	亚硫酸钠		吨	0.5	0.5	2 600	1 300

用途	制浆	领料部门				发料部门	
		负责人		领料人		核准人	发料人
		王　刚		李　俊		万　海	朱　鹏

领 料 单

领料部门：制浆车间　　　　　　2020 年 8 月 4 日　　　　　　字第 023 号

材料编号	材料名称	规　格	单　位	请领数量	实发数量	价　格	
						单　价	金　额
1103	双氧水		吨	1	1	1 150	1 150

用途	制浆	领料部门				发料部门	
		负责人		领料人		核准人	发料人
		王　刚		李　俊		万　海	朱　鹏

领 料 单

领料部门：制浆车间　　　　　　2020 年 8 月 4 日　　　　　　字第 024 号

材料编号	材料名称	规　格	单　位	请领数量	实发数量	价　格	
						单　价	金　额
1104	硅酸钠		吨	6	6	600	3 600

用途	制浆	领料部门				发料部门	
		负责人		领料人		核准人	发料人
		王　刚		李　俊		万　海	朱　鹏

领 料 单

领料部门：制浆车间　　　　　　2020 年 8 月 7 日　　　　　　字第 027 号

材料编号	材料名称	规　格	单　位	请领数量	实发数量	价　格	
						单价	金额
1001	木片		吨	50	50	1 200	60 000
用途	制浆	\multicolumn{2}{c	}{领料部门}		\multicolumn{2}{c	}{发料部门}	

用途	制浆	领料部门		发料部门	
		负责人	领料人	核准人	发料人
		王　刚	李　俊	万　海	朱　鹏

领 料 单

领料部门：制浆车间　　　　　　2020 年 8 月 7 日　　　　　　字第 028 号

材料编号	材料名称	规　格	单　位	请领数量	实发数量	价　格	
						单价	金额
1101	烧碱		吨	1	1	2 500	2 500

用途	制浆	领料部门		发料部门	
		负责人	领料人	核准人	发料人
		王　刚	李　俊	万　海	朱　鹏

领 料 单

领料部门：制浆车间　　　　　　2020 年 8 月 7 日　　　　　　字第 029 号

材料编号	材料名称	规　格	单　位	请领数量	实发数量	价　格	
						单价	金额
1102	亚硫酸钠		吨	0.5	0.5	2 600	1 300

用途	制浆	领料部门		发料部门	
		负责人	领料人	核准人	发料人
		王　刚	李　俊	万　海	朱　鹏

领 料 单

领料部门：制浆车间　　　　　2020 年 8 月 7 日　　　　　字第 030 号

材料编号	材料名称	规 格	单 位	请领数量	实发数量	价 格	
						单 价	金 额
1103	双氧水		吨	1	1	1 150	1 150
用途	制浆	领料部门			发料部门		
		负责人	领料人		核准人	发料人	
		王 刚	李 俊		万 海	朱 鹏	

领 料 单

领料部门：制浆车间　　　　　2020 年 8 月 7 日　　　　　字第 031 号

材料编号	材料名称	规 格	单 位	请领数量	实发数量	价 格	
						单 价	金 额
1104	硅酸钠		吨	6	6	600	3 600
用途	制浆	领料部门			发料部门		
		负责人	领料人		核准人	发料人	
		王 刚	李 俊		万 海	朱 鹏	

领 料 单

领料部门：制浆车间　　　　　2020 年 8 月 10 日　　　　　字第 038 号

材料编号	材料名称	规 格	单 位	请领数量	实发数量	价 格	
						单 价	金 额
1001	木片		吨	50	50	1 200	60 000
用途	制浆	领料部门			发料部门		
		负责人	领料人		核准人	发料人	
		王 刚	李 俊		万 海	朱 鹏	

领 料 单

领料部门：制浆车间　　　　　　2020 年 8 月 10 日　　　　　　字第 039 号

材料编号	材料名称	规　格	单　位	请领数量	实发数量	价　格	
						单　价	金　额
1101	烧碱		吨	1	1	2 500	2 500
用途	制浆	领料部门			发料部门		
^	^	负责人	领料人		核准人	发料人	
^	^	王 刚	李 俊		万 海	朱 鹏	

领 料 单

领料部门：制浆车间　　　　　　2020 年 8 月 10 日　　　　　　字第 040 号

材料编号	材料名称	规　格	单　位	请领数量	实发数量	价　格	
						单　价	金　额
1102	亚硫酸钠		吨	0.5	0.5	2 600	1 300
用途	制浆	领料部门			发料部门		
^	^	负责人	领料人		核准人	发料人	
^	^	王 刚	李 俊		万 海	朱 鹏	

领 料 单

领料部门：制浆车间　　　　　　2020 年 8 月 10 日　　　　　　字第 041 号

材料编号	材料名称	规　格	单　位	请领数量	实发数量	价　格	
						单　价	金　额
1103	双氧水		吨	1	1	1 150	1 150
用途	制浆	领料部门			发料部门		
^	^	负责人	领料人		核准人	发料人	
^	^	王 刚	李 俊		万 海	朱 鹏	

领 料 单

领料部门：制浆车间　　　　　　　2020 年 8 月 10 日　　　　　　　字第 042 号

材料编号	材料名称	规 格	单 位	请领数量	实发数量	价 格	
						单 价	金 额
1104	硅酸钠		吨	6	6	600	3 600

用途	制浆	领料部门			发料部门	
		负责人	领料人	核准人	发料人	
		王 刚	李 俊	万 海	朱 鹏	

领 料 单

领料部门：制浆车间　　　　　　　2020 年 8 月 13 日　　　　　　　字第 045 号

材料编号	材料名称	规 格	单 位	请领数量	实发数量	价 格	
						单 价	金 额
1001	木片		吨	50	50	1 200	60 000

用途	制浆	领料部门			发料部门	
		负责人	领料人	核准人	发料人	
		王 刚	李 俊	万 海	朱 鹏	

领 料 单

领料部门：制浆车间　　　　　　　2020 年 8 月 13 日　　　　　　　字第 046 号

材料编号	材料名称	规 格	单 位	请领数量	实发数量	价 格	
						单 价	金 额
1101	烧碱		吨	1	1	2 500	2 500

用途	制浆	领料部门			发料部门	
		负责人	领料人	核准人	发料人	
		王 刚	李 俊	万 海	朱 鹏	

领 料 单

领料部门：制浆车间　　　　　2020 年 8 月 13 日　　　　　字第 047 号

材料编号	材料名称	规 格	单 位	请领数量	实发数量	价　格	
						单 价	金 额
1102	亚硫酸钠		吨	0.5	0.5	2 600	1 300

用途	制浆	领料部门			发料部门	
		负责人	领料人	核准人	发料人	
		王 刚	李 俊	万 海	朱 鹏	

领 料 单

领料部门：制浆车间　　　　　2020 年 8 月 13 日　　　　　字第 048 号

材料编号	材料名称	规 格	单 位	请领数量	实发数量	价　格	
						单 价	金 额
1103	双氧水		吨	1	1	1 150	1 150

用途	制浆	领料部门			发料部门	
		负责人	领料人	核准人	发料人	
		王 刚	李 俊	万 海	朱 鹏	

领 料 单

领料部门：制浆车间　　　　　2020 年 8 月 13 日　　　　　字第 049 号

材料编号	材料名称	规 格	单 位	请领数量	实发数量	价　格	
						单 价	金 额
1104	硅酸钠		吨	6	6	600	3 600

用途	制浆	领料部门			发料部门	
		负责人	领料人	核准人	发料人	
		王 刚	李 俊	万 海	朱 鹏	

领 料 单

领料部门：制浆车间　　　　　2020 年 8 月 16 日　　　　　字第 058 号

材料编号	材料名称	规　格	单　位	请领数量	实发数量	价　格	
						单　价	金　额
1001	木片		吨	50	50	1 200	60 000
用途	制浆	领料部门			发料部门		
^	^	负责人	领料人		核准人	发料人	
^	^	王　刚	李　俊		万　海	朱　鹏	

领 料 单

领料部门：制浆车间　　　　　2020 年 8 月 16 日　　　　　字第 059 号

材料编号	材料名称	规　格	单　位	请领数量	实发数量	价　格	
						单　价	金　额
1101	烧碱		吨	1	1	2 500	2 500
用途	制浆	领料部门			发料部门		
^	^	负责人	领料人		核准人	发料人	
^	^	王　刚	李　俊		万　海	朱　鹏	

领 料 单

领料部门：制浆车间　　　　　2020 年 8 月 16 日　　　　　字第 060 号

材料编号	材料名称	规　格	单　位	请领数量	实发数量	价　格	
						单　价	金　额
1102	亚硫酸钠		吨	0.5	0.5	2 600	1 300
用途	制浆	领料部门			发料部门		
^	^	负责人	领料人		核准人	发料人	
^	^	王　刚	李　俊		万　海	朱　鹏	

领 料 单

领料部门：制浆车间　　　　　2020 年 8 月 16 日　　　　　字第 061 号

材料编号	材料名称	规格	单位	请领数量	实发数量	价　格	
						单价	金额
1103	双氧水		吨	1	1	1 150	1 150
用途	制浆	领料部门			发料部门		
		负责人	领料人		核准人	发料人	
		王　刚	李　俊		万　海	朱　鹏	

领 料 单

领料部门：制浆车间　　　　　2020 年 8 月 16 日　　　　　字第 062 号

材料编号	材料名称	规格	单位	请领数量	实发数量	价　格	
						单价	金额
1104	硅酸钠		吨	6	6	600	3 600
用途	制浆	领料部门			发料部门		
		负责人	领料人		核准人	发料人	
		王　刚	李　俊		万　海	朱　鹏	

领 料 单

领料部门：制浆车间　　　　　2020 年 8 月 19 日　　　　　字第 063 号

材料编号	材料名称	规格	单位	请领数量	实发数量	价　格	
						单价	金额
1001	木片		吨	50	50	1 200	60 000
用途	制浆	领料部门			发料部门		
		负责人	领料人		核准人	发料人	
		王　刚	李　俊		万　海	朱　鹏	

领 料 单

领料部门：制浆车间　　　　　　2020 年 8 月 19 日　　　　　　字第 064 号

材料编号	材料名称	规格	单位	请领数量	实发数量	价格	
						单价	金额
1101	烧碱		吨	1	1	2 500	2 500
用途	制浆	领料部门			发料部门		
		负责人	领料人		核准人	发料人	
		王 刚	李 俊		万 海	朱 鹏	

领 料 单

领料部门：制浆车间　　　　　　2020 年 8 月 19 日　　　　　　字第 065 号

材料编号	材料名称	规格	单位	请领数量	实发数量	价格	
						单价	金额
1102	亚硫酸钠		吨	0.5	0.5	2 600	1 300
用途	制浆	领料部门			发料部门		
		负责人	领料人		核准人	发料人	
		王 刚	李 俊		万 海	朱 鹏	

领 料 单

领料部门：制浆车间　　　　　　2020 年 8 月 19 日　　　　　　字第 066 号

材料编号	材料名称	规格	单位	请领数量	实发数量	价格	
						单价	金额
1103	双氧水		吨	1	1	1 150	1 150
用途	制浆	领料部门			发料部门		
		负责人	领料人		核准人	发料人	
		王 刚	李 俊		万 海	朱 鹏	

领 料 单

领料部门：制浆车间　　　　　　2020 年 8 月 19 日　　　　　　字第 067 号

材料编号	材料名称	规　格	单　位	请领数量	实发数量	价　格	
						单　价	金　额
1104	硅酸钠		吨	6	6	600	3 600
用途	制浆	领料部门			发料部门		
		负责人	领料人		核准人	发料人	
		王　刚	李　俊		万　海	朱　鹏	

领 料 单

领料部门：制浆车间　　　　　　2020 年 8 月 22 日　　　　　　字第 076 号

材料编号	材料名称	规　格	单　位	请领数量	实发数量	价　格	
						单　价	金　额
1001	木片		吨	50	50	1 200	60 000
用途	制浆	领料部门			发料部门		
		负责人	领料人		核准人	发料人	
		王　刚	李　俊		万　海	朱　鹏	

领 料 单

领料部门：制浆车间　　　　　　2020 年 8 月 22 日　　　　　　字第 077 号

材料编号	材料名称	规　格	单　位	请领数量	实发数量	价　格	
						单　价	金　额
1101	烧碱		吨	1	1	2 500	2 500
用途	制浆	领料部门			发料部门		
		负责人	领料人		核准人	发料人	
		王　刚	李　俊		万　海	朱　鹏	

领 料 单

领料部门：制浆车间　　　　　2020 年 8 月 22 日　　　　　字第 078 号

材料编号	材料名称	规 格	单 位	请领数量	实发数量	价　格	
						单 价	金 额
1102	亚硫酸钠		吨	0.5	0.5	2 600	1 300

用途	制浆	领料部门			发料部门		
		负责人		领料人	核准人		发料人
		王　刚		李　俊	万　海		朱　鹏

领 料 单

领料部门：制浆车间　　　　　2020 年 8 月 22 日　　　　　字第 079 号

材料编号	材料名称	规 格	单 位	请领数量	实发数量	价　格	
						单 价	金 额
1103	双氧水		吨	1	1	1 150	1 150

用途	制浆	领料部门			发料部门		
		负责人		领料人	核准人		发料人
		王　刚		李　俊	万　海		朱　鹏

领 料 单

领料部门：制浆车间　　　　　2020 年 8 月 22 日　　　　　字第 080 号

材料编号	材料名称	规 格	单 位	请领数量	实发数量	价　格	
						单 价	金 额
1104	硅酸钠		吨	6	6	600	3 600

用途	制浆	领料部门			发料部门		
		负责人		领料人	核准人		发料人
		王　刚		李　俊	万　海		朱　鹏

领 料 单

领料部门：制浆车间　　　　　2020 年 8 月 25 日　　　　　字第 081 号

材料编号	材料名称	规　格	单　位	请领数量	实发数量	价　格	
						单　价	金　额
1001	木片		吨	50	50	1 200	60 000
用途	制浆	领料部门			发料部门		
^	^	负责人	领料人		核准人	发料人	
^	^	王　刚	李　俊		万　海	朱　鹏	

领 料 单

领料部门：制浆车间　　　　　2020 年 8 月 25 日　　　　　字第 082 号

材料编号	材料名称	规　格	单　位	请领数量	实发数量	价　格	
						单　价	金　额
1101	烧碱		吨	1	1	2 500	2 500
用途	制浆	领料部门			发料部门		
^	^	负责人	领料人		核准人	发料人	
^	^	王　刚	李　俊		万　海	朱　鹏	

领 料 单

领料部门：制浆车间　　　　　2020 年 8 月 25 日　　　　　字第 083 号

材料编号	材料名称	规　格	单　位	请领数量	实发数量	价　格	
						单　价	金　额
1102	亚硫酸钠		吨	0.5	0.5	2 600	1 300
用途	制浆	领料部门			发料部门		
^	^	负责人	领料人		核准人	发料人	
^	^	王　刚	李　俊		万　海	朱　鹏	

领 料 单

领料部门：制浆车间　　　　　2020 年 8 月 25 日　　　　　　字第 084 号

材料编号	材料名称	规　格	单　位	请领数量	实发数量	价　格	
						单　价	金　额
1103	双氧水		吨	1	1	1 150	1 150

用途	制浆	领料部门			发料部门		
		负责人	领料人		核准人		发料人
		王　刚	李　俊		万　海		朱　鹏

领 料 单

领料部门：制浆车间　　　　　2020 年 8 月 25 日　　　　　　字第 085 号

材料编号	材料名称	规　格	单　位	请领数量	实发数量	价　格	
						单　价	金　额
1104	硅酸钠		吨	6	6	600	3 600

用途	制浆	领料部门			发料部门		
		负责人	领料人		核准人		发料人
		王　刚	李　俊		万　海		朱　鹏

领 料 单

领料部门：制浆车间　　　　　2020 年 8 月 28 日　　　　　　字第 094 号

材料编号	材料名称	规　格	单　位	请领数量	实发数量	价　格	
						单　价	金　额
1001	木片		吨	50	50	1 200	60 000

用途	制浆	领料部门			发料部门		
		负责人	领料人		核准人		发料人
		王　刚	李　俊		万　海		朱　鹏

领 料 单

领料部门：制浆车间　　　　　　2020 年 8 月 28 日　　　　　　字第 095 号

材料编号	材料名称	规　格	单　位	请领数量	实发数量	价　格	
						单　价	金　额
1101	烧碱		吨	1	1	2 500	2 500

用途	制浆	领料部门		发料部门	
		负责人	领料人	核准人	发料人
		王　刚	李　俊	万　海	朱　鹏

领 料 单

领料部门：制浆车间　　　　　　2020 年 8 月 28 日　　　　　　字第 096 号

材料编号	材料名称	规　格	单　位	请领数量	实发数量	价　格	
						单　价	金　额
1102	亚硫酸钠		吨	0.5	0.5	2 600	1 300

用途	制浆	领料部门		发料部门	
		负责人	领料人	核准人	发料人
		王　刚	李　俊	万　海	朱　鹏

领 料 单

领料部门：制浆车间　　　　　　2020 年 8 月 28 日　　　　　　字第 097 号

材料编号	材料名称	规　格	单　位	请领数量	实发数量	价　格	
						单　价	金　额
1103	双氧水		吨	1	1	1 150	1 150

用途	制浆	领料部门		发料部门	
		负责人	领料人	核准人	发料人
		王　刚	李　俊	万　海	朱　鹏

领 料 单

领料部门：制浆车间　　　　　　　2020 年 8 月 28 日　　　　　　　字第 098 号

材料编号	材料名称	规　格	单　位	请领数量	实发数量	价　格	
						单　价	金　额
1104	硅酸钠		吨	6	6	600	3 600
用途	制浆	领料部门			发料部门		
		负责人	领料人		核准人	发料人	
		王　刚	李　俊		万　海	朱　鹏	

领 料 单

领料部门：造纸车间　　　　　　　2020 年 8 月 1 日　　　　　　　字第 006 号

材料编号	材料名称	规　格	单　位	请领数量	实发数量	价　格	
						单　价	金　额
1105	松香		吨	1	1	6 000	6 000
用途	造纸	领料部门			发料部门		
		负责人	领料人		核准人	发料人	
		钟　力	吴　弘		万　海	朱　鹏	

领 料 单

领料部门：造纸车间　　　　　　　2020 年 8 月 1 日　　　　　　　字第 007 号

材料编号	材料名称	规　格	单　位	请领数量	实发数量	价　格	
						单　价	金　额
1106	硫酸铝		吨	3	3	800	2 400
用途	造纸	领料部门			发料部门		
		负责人	领料人		核准人	发料人	
		钟　力	吴　弘		万　海	朱　鹏	

领 料 单

领料部门：造纸车间　　　　　2020年8月1日　　　　　　字第008号

材料编号	材料名称	规格	单位	请领数量	实发数量	价格	
						单价	金额
1201	湿强剂		吨	1	1	3 800	3 800

用途	造纸	领料部门			发料部门	
		负责人	领料人	核准人	发料人
		钟 力	吴 弘	万 海	朱 鹏

领 料 单

领料部门：造纸车间　　　　　2020年8月1日　　　　　　字第009号

材料编号	材料名称	规格	单位	请领数量	实发数量	价格	
						单价	金额
1202	纯碱		吨	1	1	1 300	1 300

用途	造纸	领料部门			发料部门	
		负责人	领料人	核准人	发料人
		钟 力	吴 弘	万 海	朱 鹏

领 料 单

领料部门：造纸车间　　　　　2020年8月1日　　　　　　字第010号

材料编号	材料名称	规格	单位	请领数量	实发数量	价格	
						单价	金额
1203	润滑剂		吨	1	1	3 000	3 000

用途	造纸	领料部门			发料部门	
		负责人	领料人	核准人	发料人
		钟 力	吴 弘	万 海	朱 鹏

领 料 单

领料部门：造纸车间　　　　　　　2020 年 8 月 1 日　　　　　　　　　字第 011 号

材料编号	材料名称	规 格	单 位	请领数量	实发数量	价 格 单价	价 格 金额
1204	消泡剂		吨	0.1	0.1	8 000	800
用途	造纸	领料部门 负责人 钟 力	领料部门 领料人 吴 弘		发料部门 核准人 万 海	发料部门 发料人 朱 鹏	

领 料 单

领料部门：造纸车间　　　　　　　2020 年 8 月 7 日　　　　　　　　　字第 032 号

材料编号	材料名称	规 格	单 位	请领数量	实发数量	价 格 单价	价 格 金额
1105	松香		吨	1	1	6 000	6 000
用途	造纸	领料部门 负责人 钟 力	领料部门 领料人 吴 弘		发料部门 核准人 万 海	发料部门 发料人 朱 鹏	

领 料 单

领料部门：造纸车间　　　　　　　2020 年 8 月 7 日　　　　　　　　　字第 033 号

材料编号	材料名称	规 格	单 位	请领数量	实发数量	价 格 单价	价 格 金额
1106	硫酸铝		吨	3	3	800	2 400
用途	造纸	领料部门 负责人 钟 力	领料部门 领料人 吴 弘		发料部门 核准人 万 海	发料部门 发料人 朱 鹏	

领 料 单

领料部门：造纸车间　　　　　2020 年 8 月 7 日　　　　　字第 034 号

材料编号	材料名称	规 格	单 位	请领数量	实发数量	价　格	
						单 价	金 额
1201	湿强剂		吨	1	1	3 800	3 800

用途	造纸	领料部门			发料部门	
		负责人	领料人	核准人	发料人
		钟　力	吴　弘	万　海	朱　鹏

领 料 单

领料部门：造纸车间　　　　　2020 年 8 月 7 日　　　　　字第 035 号

材料编号	材料名称	规 格	单 位	请领数量	实发数量	价　格	
						单 价	金 额
1202	纯碱		吨	1	1	1 300	1 300

用途	造纸	领料部门			发料部门	
		负责人	领料人	核准人	发料人
		钟　力	吴　弘	万　海	朱　鹏

领 料 单

领料部门：造纸车间　　　　　2020 年 8 月 7 日　　　　　字第 036 号

材料编号	材料名称	规 格	单 位	请领数量	实发数量	价　格	
						单 价	金 额
1203	润滑剂		吨	1	1	3 000	3 000

用途	造纸	领料部门			发料部门	
		负责人	领料人	核准人	发料人
		钟　力	吴　弘	万　海	朱　鹏

领 料 单

领料部门：造纸车间　　　　　　2020 年 8 月 7 日　　　　　　　　字第 037 号

材料编号	材料名称	规格	单位	请领数量	实发数量	价　格	
						单价	金额
1204	消泡剂		吨	0.1	0.1	8 000	800

用途	造纸	领料部门		发料部门	
		负责人	领料人	核准人	发料人
		钟　力	吴　弘	万　海	朱　鹏

领 料 单

领料部门：造纸车间　　　　　　2020 年 8 月 13 日　　　　　　　字第 050 号

材料编号	材料名称	规格	单位	请领数量	实发数量	价　格	
						单价	金额
1105	松香		吨	1	1	6 000	6 000

用途	造纸	领料部门		发料部门	
		负责人	领料人	核准人	发料人
		钟　力	吴　弘	万　海	朱　鹏

领 料 单

领料部门：造纸车间　　　　　　2020 年 8 月 13 日　　　　　　　字第 051 号

材料编号	材料名称	规格	单位	请领数量	实发数量	价　格	
						单价	金额
1106	硫酸铝		吨	3	3	800	2 400

用途	造纸	领料部门		发料部门	
		负责人	领料人	核准人	发料人
		钟　力	吴　弘	万　海	朱　鹏

领 料 单

领料部门：造纸车间　　　　　2020 年 8 月 13 日　　　　　字第 052 号

材料编号	材料名称	规　格	单　位	请领数量	实发数量	价　格	
						单　价	金　额
1201	湿强剂		吨	1	1	3 800	3 800

用途	造纸	领料部门			发料部门	
		负责人	领料人	核准人	发料人	
		钟　力	吴　弘	万　海	朱　鹏	

领 料 单

领料部门：造纸车间　　　　　2020 年 8 月 13 日　　　　　字第 053 号

材料编号	材料名称	规　格	单　位	请领数量	实发数量	价　格	
						单　价	金　额
1202	纯碱		吨	1	1	1 300	1 300

用途	造纸	领料部门			发料部门	
		负责人	领料人	核准人	发料人	
		钟　力	吴　弘	万　海	朱　鹏	

领 料 单

领料部门：造纸车间　　　　　2020 年 8 月 13 日　　　　　字第 054 号

材料编号	材料名称	规　格	单　位	请领数量	实发数量	价　格	
						单　价	金　额
1203	润滑剂		吨	1	1	3 000	3 000

用途	造纸	领料部门			发料部门	
		负责人	领料人	核准人	发料人	
		钟　力	吴　弘	万　海	朱　鹏	

领 料 单

领料部门：造纸车间　　　　　　2020 年 8 月 13 日　　　　　　字第 055 号

材料编号	材料名称	规格	单位	请领数量	实发数量	单价	金额
1204	消泡剂		吨	0.1	0.1	8 000	800

用途	造纸	领料部门		发料部门	
^	^	负责人	领料人	核准人	发料人
^	^	钟 力	吴 弘	万 海	朱 鹏

领 料 单

领料部门：造纸车间　　　　　　2020 年 8 月 19 日　　　　　　字第 068 号

材料编号	材料名称	规格	单位	请领数量	实发数量	单价	金额
1105	松香		吨	1	1	6 000	6 000

用途	造纸	领料部门		发料部门	
^	^	负责人	领料人	核准人	发料人
^	^	钟 力	吴 弘	万 海	朱 鹏

领 料 单

领料部门：造纸车间　　　　　　2020 年 8 月 19 日　　　　　　字第 069 号

材料编号	材料名称	规格	单位	请领数量	实发数量	单价	金额
1106	硫酸铝		吨	3	3	800	2 400

用途	造纸	领料部门		发料部门	
^	^	负责人	领料人	核准人	发料人
^	^	钟 力	吴 弘	万 海	朱 鹏

领 料 单

领料部门：造纸车间　　　　　2020 年 8 月 19 日　　　　　字第 070 号

材料编号	材料名称	规格	单位	请领数量	实发数量	价　格	
						单价	金额
1201	湿强剂		吨	1	1	3 800	3 800
用途	造纸	领料部门				发料部门	
^	^	负责人	领料人		核准人		发料人
^	^	钟 力	吴 弘		万 海		朱 鹏

领 料 单

领料部门：造纸车间　　　　　2020 年 8 月 19 日　　　　　字第 071 号

材料编号	材料名称	规格	单位	请领数量	实发数量	价　格	
						单价	金额
1202	纯碱		吨	1	1	1 300	1 300
用途	造纸	领料部门				发料部门	
^	^	负责人	领料人		核准人		发料人
^	^	钟 力	吴 弘		万 海		朱 鹏

领 料 单

领料部门：造纸车间　　　　　2020 年 8 月 19 日　　　　　字第 072 号

材料编号	材料名称	规格	单位	请领数量	实发数量	价　格	
						单价	金额
1203	润滑剂		吨	1	1	3 000	3 000
用途	造纸	领料部门				发料部门	
^	^	负责人	领料人		核准人		发料人
^	^	钟 力	吴 弘		万 海		朱 鹏

领 料 单

领料部门：造纸车间　　　　　　2020 年 8 月 19 日　　　　　　字第 073 号

材料编号	材料名称	规 格	单 位	请领数量	实发数量	价 格	
						单 价	金 额
1204	消泡剂		吨	0.1	0.1	8 000	800
用途	造纸			领料部门			发料部门	
			负责人	领料人	核准人	发料人	
			钟 力	吴 弘	万 海	朱 鹏	

领 料 单

领料部门：造纸车间　　　　　　2020 年 8 月 26 日　　　　　　字第 088 号

材料编号	材料名称	规 格	单 位	请领数量	实发数量	价 格	
						单 价	金 额
1105	松香		吨	1	1	6 000	6 000
用途	造纸		领料部门			发料部门		
			负责人	领料人	核准人	发料人	
			钟 力	吴 弘	万 海	朱 鹏	

领 料 单

领料部门：造纸车间　　　　　　2020 年 8 月 26 日　　　　　　字第 089 号

材料编号	材料名称	规 格	单 位	请领数量	实发数量	价 格	
						单 价	金 额
1106	硫酸铝		吨	3	3	800	2 400
用途	造纸		领料部门			发料部门		
			负责人	领料人	核准人	发料人	
			钟 力	吴 弘	万 海	朱 鹏	

领 料 单

领料部门：造纸车间　　　　　　2020 年 8 月 26 日　　　　　　字第 090 号

材料编号	材料名称	规格	单位	请领数量	实发数量	价格 单价	价格 金额
1201	湿强剂		吨	1	1	3 800	3 800

用途	造纸	领料部门			发料部门	
		负责人	领料人	核准人		发料人
		钟 力	吴 弘	万 海		朱 鹏

领 料 单

领料部门：造纸车间　　　　　　2020 年 8 月 26 日　　　　　　字第 091 号

材料编号	材料名称	规格	单位	请领数量	实发数量	价格 单价	价格 金额
1202	纯碱		吨	1	1	1 300	1 300

用途	造纸	领料部门			发料部门	
		负责人	领料人	核准人		发料人
		钟 力	吴 弘	万 海		朱 鹏

领 料 单

领料部门：造纸车间　　　　　　2020 年 8 月 26 日　　　　　　字第 092 号

材料编号	材料名称	规格	单位	请领数量	实发数量	价格 单价	价格 金额
1203	润滑剂		吨	1	1	3 000	3 000

用途	造纸	领料部门			发料部门	
		负责人	领料人	核准人		发料人
		钟 力	吴 弘	万 海		朱 鹏

领 料 单

领料部门：造纸车间　　　　　　2020 年 8 月 26 日　　　　　　字第 093 号

材料编号	材料名称	规格	单位	请领数量	实发数量	价格 单价	价格 金额
1204	消泡剂		吨	0.1	0.1	8 000	800
用途	造纸	领料部门 负责人	领料部门 领料人	领料部门	发料部门 核准人	发料部门 发料人	
		钟 力	吴 弘		万 海	朱 鹏	

2. 辅助材料

生产车间生产产品领用辅助材料如下。

领 料 单

领料部门：制浆车间　　　　　　2020 年 8 月 1 日　　　　　　字第 012 号

材料编号	材料名称	规格	单位	请领数量	实发数量	价格 单价	价格 金额
1301	聚酯网		m²	1	1	150	150
用途	制浆	领料部门 负责人	领料部门 领料人	领料部门	发料部门 核准人	发料部门 发料人	
		王 刚	李 俊		黄 建	洪 学	

领 料 单

领料部门：制浆车间　　　　　　2020 年 8 月 1 日　　　　　　字第 013 号

材料编号	材料名称	规格	单位	请领数量	实发数量	价格 单价	价格 金额
1302	干网		m²	1	1	65	65
用途	制浆	领料部门 负责人	领料部门 领料人	领料部门	发料部门 核准人	发料部门 发料人	
		王 刚	李 俊		黄 建	洪 学	

领 料 单

领料部门：制浆车间　　　　　　2020年8月1日　　　　　　字第014号

材料编号	材料名称	规 格	单 位	请领数量	实发数量	价 格	
						单 价	金 额
1401	毛巾		千克	1	1	78	78

用途	制浆	领料部门			发料部门		
		负责人	领料人		核准人	发料人	
		王 刚	李 俊		黄 建	洪 学	

3. 燃料

辅助生产车间和有关科室领用燃料如下。

领 料 单

领料部门：锅炉车间　　　　　　2020年8月1日　　　　　　字第015号

材料编号	材料名称	规 格	单 位	请领数量	实发数量	价 格	
						单 价	金 额
1501	煤		吨	6	6	400	2 400

用途	供热	领料部门			发料部门		
		负责人	领料人		核准人	发料人	
		赵大理	章 灵		黄 文	吴 法	

领 料 单

领料部门：运输部　　　　　　2020年8月1日　　　　　　字第016号

材料编号	材料名称	规 格	单 位	请领数量	实发数量	价 格	
						单 价	金 额
1601	汽油		升	500	500	7	3 500

用途	运输	领料部门			发料部门		
		负责人	领料人		核准人	发料人	
		赵大理	章 灵		黄 文	吴 法	

领 料 单

领料部门：锅炉车间　　　　　　　2020 年 8 月 5 日　　　　　　　字第 025 号

材料编号	材料名称	规　格	单　位	请领数量	实发数量	价　格	
						单　价	金　额
1501	煤		吨	6	6	400	2 400
用途	供热	领料部门			发料部门		
^	^	负责人	领料人		核准人	发料人	
^	^	赵大理	章灵		黄文	吴法	

领 料 单

领料部门：运输部　　　　　　　2020 年 8 月 5 日　　　　　　　字第 026 号

材料编号	材料名称	规　格	单　位	请领数量	实发数量	价　格	
						单　价	金　额
1601	汽油		升	500	500	7	3 500
用途	运输	领料部门			发料部门		
^	^	负责人	领料人		核准人	发料人	
^	^	赵大理	章灵		黄文	吴法	

领 料 单

领料部门：锅炉车间　　　　　　　2020 年 8 月 10 日　　　　　　　字第 043 号

材料编号	材料名称	规　格	单　位	请领数量	实发数量	价　格	
						单　价	金　额
1501	煤		吨	6	6	400	2 400
用途	供热	领料部门			发料部门		
^	^	负责人	领料人		核准人	发料人	
^	^	赵大理	章灵		黄文	吴法	

领 料 单

领料部门：运输部　　　　　　2020 年 8 月 10 日　　　　　　字第 044 号

材料编号	材料名称	规格	单位	请领数量	实发数量	单价	金额
1601	汽油		升	500	500	7	3 500

用途	运输	领料部门		发料部门	
		负责人	领料人	核准人	发料人
		赵大理	章灵	黄文	吴法

领 料 单

领料部门：锅炉车间　　　　　　2020 年 8 月 15 日　　　　　　字第 056 号

材料编号	材料名称	规格	单位	请领数量	实发数量	单价	金额
1501	煤		吨	6	6	400	2 400

用途	供热	领料部门		发料部门	
		负责人	领料人	核准人	发料人
		赵大理	章灵	黄文	吴法

领 料 单

领料部门：运输部　　　　　　2020 年 8 月 15 日　　　　　　字第 057 号

材料编号	材料名称	规格	单位	请领数量	实发数量	单价	金额
1601	汽油		升	500	500	7	3 500

用途	运输	领料部门		发料部门	
		负责人	领料人	核准人	发料人
		赵大理	章灵	黄文	吴法

领 料 单

领料部门：锅炉车间　　　　　　　2020 年 8 月 20 日　　　　　　　字第 074 号

材料编号	材料名称	规格	单位	请领数量	实发数量	价　格	
						单价	金额
1501	煤		吨	6	6	400	2 400
用途	供热	领料部门			发料部门		
		负责人	领料人		核准人	发料人	
		赵大理	章 灵		黄 文	吴 法	

领 料 单

领料部门：运输部　　　　　　　　2020 年 8 月 20 日　　　　　　　字第 075 号

材料编号	材料名称	规格	单位	请领数量	实发数量	价　格	
						单价	金额
1601	汽油		升	500	500	7	3 500
用途	运输	领料部门			发料部门		
		负责人	领料人		核准人	发料人	
		赵大理	章 灵		黄 文	吴 法	

领 料 单

领料部门：锅炉车间　　　　　　　2020 年 8 月 25 日　　　　　　　字第 086 号

材料编号	材料名称	规格	单位	请领数量	实发数量	价　格	
						单价	金额
1501	煤		吨	6	6	400	2 400
用途	供热	领料部门			发料部门		
		负责人	领料人		核准人	发料人	
		赵大理	章 灵		黄 文	吴 法	

领 料 单

领料部门：运输部　　　　　　　　2020 年 8 月 25 日　　　　　　　　字第 087 号

材料编号	材料名称	规 格	单 位	请领数量	实发数量	单 价	金 额
1601	汽油		升	500	500	7	3 500

用途	运输	领料部门			发料部门	
		负责人	领料人		核准人	发料人
		赵大理	章 灵		黄 文	吴 法

领 料 单

领料部门：锅炉车间　　　　　　　2020 年 8 月 30 日　　　　　　　　字第 099 号

材料编号	材料名称	规 格	单 位	请领数量	实发数量	单 价	金 额
1501	煤		吨	6	6	400	2 400

用途	供热	领料部门			发料部门	
		负责人	领料人		核准人	发料人
		赵大理	章 灵		黄 文	吴 法

领 料 单

领料部门：运输部　　　　　　　　2020 年 8 月 30 日　　　　　　　　字第 100 号

材料编号	材料名称	规 格	单 位	请领数量	实发数量	单 价	金 额
1601	汽油		升	500	500	7	3 500

用途	运输	领料部门			发料部门	
		负责人	领料人		核准人	发料人
		赵大理	章 灵		黄 文	吴 法

4. 包装材料

生产车间包装产品领用包装材料如下。

领 料 单

领料部门：制浆车间　　　　　2020 年 8 月 1 日　　　　　字第 017 号

材料编号	材料名称	规 格	单 位	请领数量	实发数量	价 格	
						单 价	金 额
1701	塑料袋		个	200	200	0.1	20

用途	包装	领料部门			发料部门		
		负责人	领料人		核准人	发料人	
		王 刚	李 俊		黄 建	洪 学	

领 料 单

领料部门：造纸车间　　　　　2020 年 8 月 1 日　　　　　字第 018 号

材料编号	材料名称	规 格	单 位	请领数量	实发数量	价 格	
						单 价	金 额
1702	编织袋		个	400	400	5	2 000

用途	包装	领料部门			发料部门		
		负责人	领料人		核准人	发料人	
		钟 力	吴 弘		万 海	朱 鹏	

领 料 单

领料部门：造纸车间　　　　　2020 年 8 月 1 日　　　　　字第 019 号

材料编号	材料名称	规 格	单 位	请领数量	实发数量	价 格	
						单 价	金 额
1703	铁丝		千克	250	250	8	2 000

用途	包装	领料部门			发料部门		
		负责人	领料人		核准人	发料人	
		钟 力	吴 弘		万 海	朱 鹏	

5．其他材料

车间、部门一般消耗材料、设备日常维修消耗材料及领用低值易耗品汇总如下。

车间、部门领用材料汇总表

2020 年 8 月　　　　　　　　　　　　　　　　　　　单位：元

使用车间或部门		材料名称				合计
		原材料		低值易耗品（一次摊销法）		
		机物料	修理费用	一般工具	劳保用品	
辅助生产车间	锅炉	1 500	2 000	800	500	
	供电	3 500	2 500	480	100	
	供水	900	3 000	350	80	
	小计	5 900	7 500	1 630	680	
基本生产车间	制浆	2 800	1 200	3 400	900	
	造纸	1 800	1 500	1 800	1 200	
	小计	4 600	2 700	5 200	2 100	
厂部管理部门		9 000	700	400	1 800	
合计						

主管：　　　　　　　　　　　审核：　　　　　　　　　　　制表：

三、实训要求

（1）设置"基本生产成本""辅助生产成本""制造费用""管理费用"总账和基本生产成本明细账（纸浆、书写纸、新闻纸）、辅助生产成本明细账（锅炉、供电、供水）、制造费用明细账（制浆、造纸）、管理费用明细账。

（2）登记"基本生产成本"总账及其明细账期初余额。

（3）加总上述各种汇总表"合计"项。

（4）编制"间接材料费用分配表"。

（5）根据汇总表及有关领料单编制转账凭证，登记有关总账和明细账。

总账

会计科目名称：

年		凭证编码	摘要	收入（借方）金额										付出（贷方）金额										借或贷	结存金额										核对
月	日			千	百	十	万	千	百	十	元	角	分	千	百	十	万	千	百	十	元	角	分		千	百	十	万	千	百	十	元	角	分	

总 账

会计科目名称：

年		凭证编码	摘要	收入（借方）金额									付出（贷方）金额									借或贷	结存金额									核对
月	日			千	百	十	万	千	百	十	元	角	分	千	百	十	万	千	百	十	元	角	分		千	百	十	万	千	百	十	元	角	分	

总账

会计科目名称：

年		凭证编码	摘要	收入（借方）金额 千百十万千百十元角分	付出（贷方）金额 千百十万千百十元角分	借或贷	结存金额 千百十万千百十元角分	核对
月	日							

总 账

会计科目名称：

凭证编号	年 月 日	摘要	收入（借方）金额 千百十万千百十元角分	付出（贷方）金额 千百十万千百十元角分	借或贷	结存金额 千百十万千百十元角分	核对

总 账

会计科目名称：

年		凭证编码	摘要	收入（借方）金额									付出（贷方）金额									借或贷	结存金额									核对
月	日			千	百	十	万	千	百	十	元	角	分	千	百	十	万	千	百	十	元	角	分		千	百	十	万	千	百	十	元	角	分	

基本生产成本明细账

车间：
产品：

年　月

日期	凭证号数	摘要	成本项目				
			直接材料	直接人工	其他	制造费用	合计

基本生产成本明细账

车间：
产品：

年　月

日期	凭证号数	摘要	成本项目				
			直接材料	直接人工	其他	制造费用	合计

基本生产成本明细账

车间：
产品：

年　月

日期	凭证号数	摘要	成 本 项 目				
			直接材料	直接人工	其他	制造费用	合计

辅助生产成本明细账

年　月

车间名称：

日期	摘要	直接材料	直接人工	制造费用	合计	转出

辅助生产成本明细账

车间名称：

年　月

日期	摘要	直接材料	直接人工	制造费用	合计	转出

辅助生产成本明细账

车间名称：　　　　　　　　　　　　　　年　月

日期	摘要	直接材料	直接人工	制造费用	合计	转出

实训 2 直接材料费用的归集与分配

明 细 账

总　页　　　　分　页

明　　细　　账

会计科目

记账凭证				摘　要	借方金额	贷方金额	借或贷	余额							
年		类别	号数												
月	日				千百十万千百十元角分	千百十万千百十元角分		千百十万千百十元角分	十万千百十元角分	十万千百十元角分	十万千百十元角分	十万千百十元角分	十万千百十元角分	十万千百十元角分	十万千百十元角分

间接材料费用分配表

车间：　　　　　　　　　　20　年　月　　　　　　　材料名称：

产品名称	分配标准	分配率	分配金额（元）
合计			

主管：　　　　　　　审核：　　　　　　　制表：

间接材料费用分配表

车间：　　　　　　　　　　20　年　月　　　　　　　材料名称：

产品名称	分配标准	分配率	分配金额（元）
合计			

主管：　　　　　　　审核：　　　　　　　制表：

间接材料费用分配表

车间：　　　　　　　　　　20　年　月　　　　　　　材料名称：

产品名称	分配标准	分配率	分配金额（元）
合计			

主管：　　　　　　　审核：　　　　　　　制表：

记 账 凭 证

总号

年 月 日　　　　　　　记 字 第　号

摘要	总账科目	明细科目	借方金额 亿 千 百 十 万 千 百 十 元 角 分	贷方金额 亿 千 百 十 万 千 百 十 元 角 分	√

附件　张

会计主管：　　　　　记账：　　　　　审核：　　　　　填证：

记 账 凭 证

总号

年 月 日　　　　　　　记 字 第　号

摘要	总账科目	明细科目	借方金额 亿 千 百 十 万 千 百 十 元 角 分	贷方金额 亿 千 百 十 万 千 百 十 元 角 分	√

附件　张

会计主管：　　　　　记账：　　　　　审核：　　　　　填证：

实训 2　直接材料费用的归集与分配

记 账 凭 证

总号　　　　　

年　月　日　　　　　　　　　　　记字第　号

摘要	总账科目	明细科目	借方金额 亿千百十万千百十元角分	贷方金额 亿千百十万千百十元角分	√

附件　　　张

会计主管：　　　　　记账：　　　　　审核：　　　　　填证：

记 账 凭 证

总号　　　　　

年　月　日　　　　　　　　　　　记字第　号

摘要	总账科目	明细科目	借方金额 亿千百十万千百十元角分	贷方金额 亿千百十万千百十元角分	√

附件　　　张

会计主管：　　　　　记账：　　　　　审核：　　　　　填证：

记 账 凭 证

总号　　　　　　　　
年　月　日　　　　　　　记　字　第　号

摘要	总账科目	明细科目	借方金额 亿千百十万千百十元角分	贷方金额 亿千百十万千百十元角分	√

附件　　张

会计主管：　　　　记账：　　　　审核：　　　　填证：

记 账 凭 证

总号　　　　　　　　
年　月　日　　　　　　　记　字　第　号

摘要	总账科目	明细科目	借方金额 亿千百十万千百十元角分	贷方金额 亿千百十万千百十元角分	√

附件　　张

会计主管：　　　　记账：　　　　审核：　　　　填证：

记账凭证

总号_____

年　月　日　　　　　　　　___记字第　号

摘要	总账科目	明细科目	借方金额 亿千百十万千百十元角分	贷方金额 亿千百十万千百十元角分	√

附件　张

会计主管：　　　　记账：　　　　审核：　　　　填证：

记账凭证

总号_____

年　月　日　　　　　　　　___记字第　号

摘要	总账科目	明细科目	借方金额 亿千百十万千百十元角分	贷方金额 亿千百十万千百十元角分	√

附件　张

会计主管：　　　　记账：　　　　审核：　　　　填证：

实训 3

职工薪酬的归集与分配

一、实训目的

通过实训使学生明确工资计算的过程，熟悉工资结算单、工资结算表及汇总表的编制，熟练掌握工资费用分配表的编制。

职工薪酬的核算直接计入产品生产。设有"直接人工"成本项目的生产工人工资、福利费等职工薪酬，应单独计入"生产成本——基本生产成本"科目和所属产品成本明细账的借方（在明细账中计入"直接人工"成本科目），同时，贷记"应付职工薪酬"科目。

如果生产车间同时生产几种产品，则其发生的直接人工成本，包括工人工资、福利费等职工薪酬，应采用一定分配方法计入各产品成本中。由于工资形成的方式不同，直接人工成本的分配方法也不同。例如，按计时工资分配直接人工成本，按计件工资分配直接人工成本。

（1）按计时工资分配直接人工成本。计时工资一般是依据生产工人出勤记录和月标准工资计算的，因而不能反映生产工人工资的用途，以产品生产耗用的生产工时为分配标准。其计算公式如下：

$$直接人工成本分配率 = \frac{本期发生的直接人工成本}{各种产品耗用的实际工时（或定额工时）之和}$$

某产品应负担的直接人工成本 = 该产品耗用的实际工时（或定额工时）数 × 直接人工成本分配率

（2）按计件工资分配直接人工成本。按计件工资分配直接人工成本时，可根据产量和每件人工费率，分别对产品进行汇总，计算出每种产品应负担的直接人工成本。

为了按工资的用途和发生地点归集并分配工资，月末应根据工资结算单和有关的生产工时记录分生产部门编制"工资成本分配表"，生产车间工人除工资以外的其他职工薪酬的归集和分配方法与工资基本相同。

二、实训资料

（1）南方纸业有限责任公司实行计件工资制，各车间、工段生产工人的计件工资额由公司管理部根据完成的生产任务等有关资料计算后，通知会计部工资核算员，由工资核算员按工段、车间分别编制"工资结算单（表）"，作为工资核算的原始依据。

（2）生产车间生产一种产品，生产工人的工资及福利费作为直接费用，计入该产品"基本生产成本明细账"的工资及福利费项目；生产多种产品，生产工人的工资及福利费作为间接费用，按各产品定额工时比例分配计入。

（3）造纸车间各产品定额工时为：书写纸 28 680 工时，新闻纸 3 240 工时。

（4）根据所在地政府规定，公司分别按照职工工资总额的 10%、12%、2%、1%、1%和 10.5%计提医疗保险费、养老保险费、失业保险费、工伤保险费、生育保险费和住房公积金；公司分别按照职工工资总额的 2%和 1.5%计提工会经费和职工教育经费；公司预计 2020 年应承担的职工福利费义务金额为职工工资总额的 2%。

（5）2020 年 8 月份计算工资有关资料如下。

工资、奖金通知单

会计部：

现将制浆车间成浆工段生产工人计件工资额和经常性生产奖金通知如下，请以此为依据，计算各工人本月应付工资。

管理部
2020 年 8 月 31 日
管理部

序号	姓名	基本工资（元）	经常性奖金（元）	序号	姓名	基本工资（元）	经常性奖金（元）
1	陈海萍	475.58	98	7	李多玲	437.36	93
2	樊云仙	430.64	94	8	方三兰	510.16	86
3	董爱书	470.52	93	9	吴木兰	531.8	89
4	付文兰	475.64	98	10	司光玉	510.32	87
5	何素英	499.92	88	11	王化秀	503.6	92
6	何汇情	456.96	89	12	陆一萍	473.64	98

（其他工段和车间的"工资、奖金通知单"略。）

工资结算单

2020 年 8 月份

部门：制浆车间——成浆工段　　　　　　　　　　　　　　　　　　　　　　　　　　单位：元

姓名	基本工资	经常性奖金	津贴和补贴		加班加点工资	应扣工资		应付工资	代发款项			代扣款项						实发金额	领款人签章
			物价补贴	中班夜班津贴		病假	事假		卫生费	福利费	小计	养老保险	医疗保险	失业保险	工伤保险	计划生育险	住房公积金	个人所得税	小计		
陈海萍																					
樊云仙																					
董爱书																					
付文兰																					
何素英																					
何汇情																					
李多玲																					
方三兰																					
吴木兰																					
司光玉																					
王化秀																					
陆一萍																					
合计																					

部门主管：　　　　　　　工资核算员：　　　　　　　复核：　　　　　　　编报日期：2020 年 8 月 15 日

工资结算费用标准

部门：制浆车间——成浆工段　　　2020 年 8 月

项目	单位	金额（元）	项目	单位	金额（元）
加班加点	1 班次	20	物价补贴	每人	50
中班津贴	1 班次	5	福利费	每人	20
夜班津贴	1 班次	5	卫生费	每人	10

考勤统计表

编报：制浆车间——成浆工段　　　2020 年 8 月

姓名	出勤	加班	迟到	早退	中班	夜班	公假	工伤假	病假	事假	备注
陈海萍	26	2			6	10				1	事假扣8元
樊云仙	25	1			4	8					
董爱书	24	3			5	6			2		病假扣5元
付文兰	26	5			3	3					
何素英	25					2					
何汇情	24				2	4					
李多玲	26	2									
方三兰	25				3	2					
吴木兰	26	2			5						
司光玉	24				2	3					
王化秀	25	1			1	4					
陆一萍	25	3			1						
合计											

部门负责人：陈萍　　考勤员：李宁　　审核单位盖章：　　报出日期：8 月 3 日

工资结算单

2020 年 8 月份

部门：制浆车间——成浆工段　　　　　　　　　　　　　　　　　　　　单位：元

项目	基本工资	经常性奖金	津贴和补贴 物价补贴	津贴和补贴 中班夜班津贴	加班加点工资	应扣工资 病假	应扣工资 事假	应付工资	代发款项 卫生费	代发款项 福利费	代发款项 小计	代扣款项 养老保险	代扣款项 医疗保险	代扣款项 失业保险	代扣款项 工伤保险	代扣款项 计划生育险	代扣款项 住房公积金	代扣款项 个人所得税	代扣款项 小计	实发金额	领款人签章
生产工人																					
备料工段	60 880	6 849	5 327		3 044	16	134	75 950	200	300	500	48	21	19	15	7	60		170	76 280	
蒸煮工段	6 960	702	609		429		20	8 680	40	50	90	23	14	6	5	1	19		68	8 702	
苛化工段	6 485	720	523		129	30	6	7 821	30	62	92	20	10	6	5	1	13		55	7 858	
盘磨工段	10 323	1 147	1 015		418	20	4	12 879	60	108	168	17	12	8	5	2	17		61	12 986	
成浆工段																					
小计																					
管理人员																					
车间管理	12 240	1 377	980		703	160	140	15 000	150	400	550	30	18	12	4	6	22		92	15 458	
合计																					

部门主管：　　　　　　　工资核算员：　　　　　　　复核：　　　　　　　编报日期：2020 年 8 月 15 日

工资费用分配表

2020 年 8 月份

单位：元

应 借 账 户			生产工人工资			车间管理人员工资	厂部管理人员工资	销售人员工资	医务人员工资	长期病休工资	合计
总账	二级账	明细账	定额工时	分配率	分配额						
基本生产成本	制浆车间	纸浆									
	造纸车间	书写纸									
		新闻纸									
		小计									
	小计										
辅助生产成本		锅炉									
		供电									
		供水									
	小计										
制造费用		制浆车间									
		造纸车间									
	小计										
管理费用											
产品销售费用											
应付福利费											
合计											

主管：　　　　　　　　　　　审核：　　　　　　　　　　　制表：

职工福利、教育及工会经费计算表

2020年8月份

单位:元

<table>
<tr><th rowspan="2">应借账户</th><th colspan="2">应付福利费</th><th colspan="2">职工教育经费</th><th colspan="2">工会经费</th><th rowspan="2">合计</th></tr>
<tr><th>计提标准</th><th>金额</th><th>计提标准</th><th>金额</th><th>计提标准</th><th>金额</th></tr>
<tr><td rowspan="4">基本生产成本</td><td colspan="2">制浆</td><td></td><td></td><td></td><td></td><td></td><td></td></tr>
<tr><td rowspan="3">造纸车间</td><td>书写纸</td><td></td><td></td><td></td><td></td><td></td><td></td></tr>
<tr><td>新闻纸</td><td></td><td></td><td></td><td></td><td></td><td></td></tr>
<tr><td>小计</td><td></td><td></td><td></td><td></td><td></td><td></td></tr>
<tr><td colspan="2">小计</td><td></td><td></td><td></td><td></td><td></td><td></td></tr>
<tr><td rowspan="3">辅助生产成本</td><td colspan="2">锅炉</td><td></td><td></td><td></td><td></td><td></td><td></td></tr>
<tr><td colspan="2">供电</td><td></td><td></td><td></td><td></td><td></td><td></td></tr>
<tr><td colspan="2">供水</td><td></td><td></td><td></td><td></td><td></td><td></td></tr>
<tr><td colspan="2">小计</td><td></td><td></td><td></td><td></td><td></td><td></td></tr>
<tr><td rowspan="3">制造费用</td><td colspan="2">制浆车间</td><td></td><td></td><td></td><td></td><td></td><td></td></tr>
<tr><td colspan="2">造纸车间</td><td></td><td></td><td></td><td></td><td></td><td></td></tr>
<tr><td colspan="2">小计</td><td></td><td></td><td></td><td></td><td></td><td></td></tr>
<tr><td colspan="2">管理费用</td><td></td><td></td><td></td><td></td><td></td><td></td></tr>
<tr><td colspan="2">销售费用</td><td></td><td></td><td></td><td></td><td></td><td></td></tr>
<tr><td colspan="2">合计</td><td></td><td></td><td></td><td></td><td></td><td></td></tr>
</table>

主管: 审核: 制表:

三、实训要求

（1）根据以上资料编制工资费用分配表和职工福利、教育及工会经费计算表。

（2）根据分配表编制记账凭证，登记"实训 2"中的有关总账和明细账。

记 账 凭 证　　　总号

年 月 日　　　　　___记字第　号

摘要	总账科目	明细科目	借方金额（亿千百十万千百十元角分）	贷方金额（亿千百十万千百十元角分）	√

会计主管：　　　记账：　　　审核：　　　填证：

记 账 凭 证　　　总号

年 月 日　　　　　___记字第　号

摘要	总账科目	明细科目	借方金额（亿千百十万千百十元角分）	贷方金额（亿千百十万千百十元角分）	√

会计主管：　　　记账：　　　审核：　　　填证：

记 账 凭 证

总号 _____

年 月 日　　　___记字第　号

摘要	总账科目	明细科目	借方金额										贷方金额										√
			亿	千	百	十	万	千	百	十	元	角	分	亿	千	百	十	万	千	百	十	元	角	分	

附件　张

会计主管：　　　　记账：　　　　审核：　　　　填证：

记 账 凭 证

总号 _____

年 月 日　　　___记字第　号

摘要	总账科目	明细科目	借方金额										贷方金额										√
			亿	千	百	十	万	千	百	十	元	角	分	亿	千	百	十	万	千	百	十	元	角	分	

附件　张

会计主管：　　　　记账：　　　　审核：　　　　填证：

记 账 凭 证

总号

年 月 日　　　　　　　　　　记 字 第 号

摘要	总账科目	明细科目	借方金额 亿 千 百 十 万 千 百 十 元 角 分	贷方金额 亿 千 百 十 万 千 百 十 元 角 分	√

附件　　张

会计主管：　　　　记账：　　　　审核：　　　　填证：

记 账 凭 证

总号

年 月 日　　　　　　　　　　记 字 第 号

摘要	总账科目	明细科目	借方金额 亿 千 百 十 万 千 百 十 元 角 分	贷方金额 亿 千 百 十 万 千 百 十 元 角 分	√

附件　　张

会计主管：　　　　记账：　　　　审核：　　　　填证：

实训3 职工薪酬的归集与分配

记 账 凭 证

年 月 日　　总号
　　　　　　　记 字 第　号

摘要	总账科目	明细科目	借方金额 亿 千 百 十 万 千 百 十 元 角 分	贷方金额 亿 千 百 十 万 千 百 十 元 角 分	√

会计主管：　　　　记账：　　　　审核：　　　　填证：

附件　张

记 账 凭 证

年 月 日　　总号
　　　　　　　记 字 第　号

摘要	总账科目	明细科目	借方金额 亿 千 百 十 万 千 百 十 元 角 分	贷方金额 亿 千 百 十 万 千 百 十 元 角 分	√

会计主管：　　　　记账：　　　　审核：　　　　填证：

附件　张

实训 4

辅助生产费用的归集与分配

一、实训目的

通过实训使学生熟悉辅助生产费用归集的程序，熟练掌握生产费用的分配方法及其财务处理方法。

辅助生产是指为基本生产服务而进行的产品生产和劳务供应。辅助生产有的只生产一种产品或提供一种劳务，如供电、供汽（蒸汽）、运输等辅助生产；有的则生产多种产品或提供多种劳务，如从事工具、模型、备件的制造及机器设备的修理等辅助生产。辅助生产成本是指辅助生产车间发生的成本。

辅助生产费用是通过辅助生产成本总账及其明细账进行归集的。由于所生产的产品和提供的劳务不同，其所发生的成本分配转出的程序方法也不一样。提供水、电、汽和运输、修理等劳务所发生的辅助生产成本，通常按受益单位耗用的劳务数量在各单位之间进行分配，分配时借记"制造费用"，或者在结算辅助生产明细账之前，将各辅助车间的制造费用分配转入各辅助生产明细账，归集辅助生产成本。制造工具、模型、备件等产品所发生的成本，应计入完工工具、模型、备件等产品的成本。完工时，作为自制工具或材料入库，由"生产成本——辅助生产成本"科目及其明细账的贷方转入"周转材料——低值易耗品"或"原材料"等科目的借方。

辅助生产提供的产品和劳务，主要是为基本生产车间和管理部门使用和服务的，但在某些辅助生产车间之间也有相互提供产品和劳务的情况。例如，锅炉车间为供电车间供汽取暖，供电车间为锅炉车间提供电力。这种情况下，为了计算供汽成本，就要确定供电成本；为了计算供电成本，又要确定供汽成本，这里就存在一个辅助生产成本在各辅助生产车间交互分配的问题。

辅助生产成本的分配，应通过"辅助生产成本分配表"进行。分配辅助生产成本的方法主要有直接分配法和交互分配法等。

1. 直接分配法

采用直接分配法，不考虑辅助生产内部相互提供的劳务量，即不经过辅助生产成本的交互分配，直接将各辅助生产车间发生的成本分配给辅助生产以外的各个受益单位或产品。分配计算公式如下：

$$\text{辅助生产的单位成本} = \frac{\text{辅助生产成本总额}}{\text{辅助生产的产品或劳务总量}}$$

上式中，辅助生产的产品或劳务总量不包括对辅助生产各车间提供的产品或劳务量。

各收益车间、产品或各部门应分配的成本 = 辅助生产的单位成本 × 该车间、成品或部门的耗用量

2. 交互分配法

采用交互分配法分配辅助生产成本，应先根据各辅助生产内部相互供应的数量和交互分配前的成本分配率（单位成本）进行一次交互分配；然后再将各辅助生产车间交互分配后的实际成本（即交互分配前的成本加上交互分配转入的成本，减去交互分配转出的成本），按对外提供劳务的数量，在辅助生产以外的各受益单位或产品之间进行分配。

二、实训资料

（1）南方纸业有限责任公司辅助生产费用分配采用一次交互分配法。
（2）生产多种产品车间应负担的辅助费用按各产品重量比例分摊。
（3）辅助生产供应劳务数量通知单如下。

辅助生产供应劳务数量通知单

2020 年 8 月

耗用单位			劳务项目			备注
			汽（立方米）	电（度）	水（吨）	
辅助生产车间		锅炉车间	—	18 000	9 800	
		供电车间	7 500	—	700	
		供水车间	8 500	16 000	—	
基本生产车间	制浆车间	产品耗用	15 400	40 000	14 500	
		一般耗用	7 800	16 500	800	
	造纸车间	产品耗用	30 100	71 000	26 500	
		一般耗用	15 000	35 000	1 300	
管理部门			20 500	54 000	500	
合　　计			104 800	250 500	54 100	

主管：　　　　　　　　　审核：　　　　　　　　　制表：

三、实训要求

（1）根据实训 1～实训 3 有关资料，确定各辅助生产车间的直接费用（交互分配前的费用）。

（2）编制"间接费用分配表"和"辅助生产费用分配表"。

（3）根据分配表编制记账凭证，登记有关总账和明细账。

间接费用分配表

20 年 月 日

产品名称	分配标准	蒸汽费（分配率： ）	电费（分配率： ）	水费（分配率： ）	合计
书写纸					
新闻纸					
合计					

主管：　　　　　　　审核：　　　　　　　制表：

辅助生产费用分配表

（一次交互分配法）

20　年　月份

项　目		锅炉车间			供电车间			供水车间			分配金额合计（元）
		供应数量（立方米）	单位成本（元）	分配金额（元）	供应数量（度）	单位成本（元）	分配金额（元）	供应数量（吨）	单位成本（元）	分配金额（元）	
分配前情况											
	锅炉车间										
	供电车间										
	供水车间										
	小计										
交互分配后情况											
交互分配	制浆车间产品耗用										
	造纸车间产品耗用										
对外分配	制浆车间产品耗用										
	造纸车间车间耗用										
	管理部门										
	合　计										

会计主管：　　　　　　　　　　审核：　　　　　　　　　　制表：

记 账 凭 证

总号＿＿＿

年 月 日　　　　　　　＿＿＿记字第　号

摘要	总账科目	明细科目	借方金额 亿千百十万千百十元角分	贷方金额 亿千百十万千百十元角分	√

附件　　张

会计主管：　　　　记账：　　　　审核：　　　　填证：

记 账 凭 证

总号＿＿＿

年 月 日　　　　　　　＿＿＿记字第　号

摘要	总账科目	明细科目	借方金额 亿千百十万千百十元角分	贷方金额 亿千百十万千百十元角分	√

附件　　张

会计主管：　　　　记账：　　　　审核：　　　　填证：

记 账 凭 证

总号＿＿＿＿

年 月 日　　　　　　　　　＿＿＿记 字 第　号

摘要	总账科目	明细科目	借方金额										贷方金额										√
			亿	千	百	十	万	千	百	十	元	角	分	亿	千	百	十	万	千	百	十	元	角	分	

附件　张

会计主管：　　　　　记账：　　　　　审核：　　　　　填证：

记 账 凭 证

总号＿＿＿＿

年 月 日　　　　　　　　　＿＿＿记 字 第　号

摘要	总账科目	明细科目	借方金额										贷方金额										√
			亿	千	百	十	万	千	百	十	元	角	分	亿	千	百	十	万	千	百	十	元	角	分	

附件　张

会计主管：　　　　　记账：　　　　　审核：　　　　　填证：

记账凭证

总号

年 月 日　　　　　___记字第　号

摘要	总账科目	明细科目	借方金额										贷方金额										√
			亿	千	百	十	万	千	百	十	元	角	分	亿	千	百	十	万	千	百	十	元	角	分	

附件　　张

会计主管：　　　　　记账：　　　　　审核：　　　　　填证：

B

记账凭证

总号

年 月 日　　　　　___记字第　号

摘要	总账科目	明细科目	借方金额										贷方金额										√
			亿	千	百	十	万	千	百	十	元	角	分	亿	千	百	十	万	千	百	十	元	角	分	

附件　　张

会计主管：　　　　　记账：　　　　　审核：　　　　　填证：

实训 5 品种法

一、实训目的

通过实训使学生熟悉产品成本核算的基本原则和一般程序,掌握产品成本核算最基本的方法——品种法。

品种法是指以产品品种作为成本核算对象,归集和分配生产成本,计算产品成本的一种方法。这种方法一般适用于单步骤、大量生产的企业,如发电、供水、采掘等企业。在这种类型企业的生产中,产品的生产技术过程不能从技术上划分为步骤。例如,企业或车间的规模较小,或者车间是封闭式的(从材料投入到产品产出的全部生产过程都在一个车间内进行,或者生产按流水线组织,管理上不要求按照生产步骤计算产品成本),都可以按照产品的品种计算产品成本。

品种法计算产品成本的主要特点如下:

(1)成本核算对象是产品品种。如果企业只生产一种产品,全部生产成本都是直接成本,就可直接将生产成本计入该产品生产成本明细账的有关成本项目中,不存在各种成本核算对象之间分配成本的问题;如果生产多种产品,间接生产成本则要采用适当的方法,在各成本核算对象之间进行分配。

(2)品种法下一般定期(每月月末)计算产品成本。

(3)如果企业月末有在产品,要将生产成本在完工产品和在产品之间进行分配。

根据产品成本计算单(也称基本生产成本明细账)编制完工产品入库的会计分录方法如下:借记"库存商品——×产品、××产品"科目,贷记"生产成本——基本生产成本——×产品""生产成本——基本生产成本——××产品"等科目。

二、实训资料

(1)南方纸业有限责任公司是一家多步骤、大批量生产的股份有限公司,成本核算方法主要采用品种法。成本计算对象为纸浆(半成品)、书写纸、新闻纸(最终产成品)。

(2)成本计算程序如下。

① 计算纸浆成本。

② 先将纸浆成本在造纸车间各产品之间按重量比例进行分配,然后将分配后的成本项目结转到造纸车间各产品成本计算中。

③ 根据车间成品成本计算单，计算最终完工产品成本。书写纸和新闻纸月末在产品数量很少，月末不计算在产品成本中。

产品计量单位折算、换算表

产品名称	规格（克/平方米）	单位	入库数量	折算值（千克/令）	折算单位（吨）	备注
书写纸	30	令	82 000	15	1 230	
新闻纸	55	令	64 000	22.7	1 452.8	
合计					2 682.8	

（完工产成品入库单略）

三、实训要求

（1）根据所提供的资料，编制记账凭证，登记到"实训2"中的有关总账和明细账。

（2）编制"制造费用分配表"（生产多种产品车间按生产工人工资比例分配），分配与结转制造费用。

（3）计算纸浆成本，编制"纸浆成本分配表"，分配结算纸浆成本。

（4）编制"产品成本计算单"，计算结转完工产品成本。

（5）核对基本生产总账期末余额与基本生产明细账期末余额。

制造费用分配表

车间：　　　　　　　　　　　　20　年　月

产品名称	分配标准	分配率	分配金额（元）
合计			

造纸车间用浆比例表

车间名称	产品名称	产量（吨）	投料比例	实耗（吨）	备注
制一车间	书写纸	1 230	100%	1 230	
	新闻纸	1 452.8	100%	1 452.8	
合计		2 682.8		2 682.8	

纸浆成本分配表

产品名称	实耗（吨）	原材料 （分配率：　）	燃料和动力 （分配率：　）	工资及福利费 （分配率：　）	制造费用 （分配率：　）	合计
书写纸						
新闻纸						
合计						

产品成本计算单

20　年　　月

车间：　　　　　　　　　　　　　　　　　　　　　　　　　产量：
产品：　　　　　　　　　　　　　　　　　　　　　　　　　单位：元

项　目	原材料	燃料和动力	工资及福利费	制造费用	合计
本期生产费用					
转入纸浆成本					
完工产品总成本					
完工产品单位成本					

产品成本计算单
20 年   月

车间：
产品：
产量：
单位：元

项 目	原材料	燃料和动力	工资及福利费	制造费用	合计
本期生产费用					
转入纸浆成本					
完工产品总成本					
完工产品单位成本					

产品成本计算单
20 年   月

项目＼产品名称	计量单位	产量（吨）	燃料和动力	工资及福利费	制造费用	总成本	单位成本
书写纸	令/吨						
新闻纸	令/吨						
合计							

记 账 凭 证

总号

年 月 日　　　　　　　　　记 字 第 号

摘要	总账科目	明细科目	借方金额											贷方金额											√
			亿	千	百	十	万	千	百	十	元	角	分	亿	千	百	十	万	千	百	十	元	角	分	

附件　　张

会计主管：　　　　　记账：　　　　　审核：　　　　　填证：

记 账 凭 证

总号

年 月 日　　　　　　　　　记 字 第 号

摘要	总账科目	明细科目	借方金额											贷方金额											√
			亿	千	百	十	万	千	百	十	元	角	分	亿	千	百	十	万	千	百	十	元	角	分	

附件　　张

会计主管：　　　　　记账：　　　　　审核：　　　　　填证：

记 账 凭 证

总号

　　年　月　日　　　　　　　　　　　记 字 第　号

摘要	总账科目	明细科目	借方金额 亿 千 百 十 万 千 百 十 元 角 分	贷方金额 亿 千 百 十 万 千 百 十 元 角 分	√

附件　　张

会计主管：　　　　记账：　　　　审核：　　　　填证：

记 账 凭 证

总号

　　年　月　日　　　　　　　　　　　记 字 第　号

摘要	总账科目	明细科目	借方金额 亿 千 百 十 万 千 百 十 元 角 分	贷方金额 亿 千 百 十 万 千 百 十 元 角 分	√

附件　　张

会计主管：　　　　记账：　　　　审核：　　　　填证：

记 账 凭 证

总号

年 月 日　　　　　　　　　　记 字 第 号

摘要	总账科目	明细科目	借方金额											贷方金额											√	
			亿	千	百	十	万	千	百	十	元	角	分	亿	千	百	十	万	千	百	十	元	角	分		附件 张

会计主管：　　　　　记账：　　　　　审核：　　　　　填证：

实训 6

分批法

一、实训目的

通过实训，使学生熟悉产品成本核算原理和一般程序，掌握产品成本核算基本方法——分批法，进一步熟悉成本会计核算工作。

分批法是指以产品的批别作为产品成本核算对象，归集和分配生产成本，计算产品成本的一种方法。这种方法主要适用于单件、小批生产的企业，如造船、重型机器制造、精密仪器制造等企业，也可用于一般企业中的新产品试制或试验的生产、在建工程及设备修理作业等。

分批法计算成本的主要特点如下：

（1）成本核算对象是产品的批别。由于产品的批别大多是根据销货订单确定的，因此，这种方法又称订单法。成本核算对象是购买者事先订货或企业规定的产品批别。

（2）产品成本的计算是与生产任务通知单的签发和结束紧密配合的，因此，产品成本计算是不定期的。成本计算期与产品生产周期基本一致，但与财务报告期不一致。

（3）由于成本计算期与产品的生产周期基本一致，因此，在计算月末在产品成本时，一般不存在完工产品和在产品之间分配成本的问题。

二、实训资料

某企业采用分批法计算产品成本。7月1日投产007批产品150件，8月31日完工入库20件，9月30日完工入库30件，10月31日完工入库100件。该批产品单位计划成本1 700元，其中，直接材料费用700元，直接人工费用600元，制造费用400元。企业各月发生费用如下表所示。

各月发生费用
单位：元

月　份	直接材料	直接人工	制造费用	合计
7月	80 000	20 000	10 000	110 000
8月		30 000	30 000	60 000
9月		30 000	40 000	70 000
10月		40 000	20 000	60 000

三、实训要求

填制"生产成本明细账"，计算该批产品各月应结转产成品成本，以及该批产品总成本和单位成本。

生产成本明细账

产品批别：　　　　　　　　　　　　　　　　　　　　　　　　批量：
领料方式：　　　　　　　　　　　　　　　　　　　　　　　　开工日期：

月	日	摘　要	直接材料	直接人工	制造费用	合　计
7	31	本月发生费用				
8	31	本月发生费用				
8	31	累计发生额				
8	31	结转完工产品计划成本				
8	31	累计金额				
9	30	本月发生费用				
9	30	累计金额				
9	30	结转完工产品计划成本				
9	30	累计金额				
10	31	本月发生费用				
10	31	累计金额				
10	31	结转尚未结转的完工产品成本				
10	31	本批产品总成本				
10	31	产品单位总成本				

实训 7

分步法

一、实训目的

通过实训,使学生熟悉产品成本核算原理和一般程序,掌握产品成本核算基本方法——分步法,进一步熟悉成本会计核算工作。

分步法是指按照生产过程中各个加工步骤(分品种)为成本核算对象,归集和分配生产成本,计算各步骤半成品和最后产成品成本的一种方法。这种方法适用于大量大批多步骤生产企业,如冶金、纺织、机械制造等企业,在这类企业中,产品生产可以分为若干个生产步骤的成本管理,通常不仅要求按照产品品种计算成本,而且还要求按照生产步骤计算成本,以便为考核和分析各种产品及各生产步骤的成本计划的执行情况提供资料。

分步法计算成本的主要特点表现在三个方面:

(1) 成本核算对象是各种产品的生产步骤;

(2) 月末为了计算完工产品成本,还需要将归集在生产成本明细账中的生产成本在完工产品和在产品之间进行分配;

(3) 除按品种计算和结转产品成本外,还需要计算和结转产品的各步骤成本。

其成本核算对象,是各种产品及其所经过的各个加工步骤。如果企业只生产一种产品,则成本核算对象就是该种产品及其所经过的各个生产步骤。其成本计算期是固定的,与产品的生产周期不一致。

在实际工作中,根据成本管理对各生产步骤成本资料的不同要求(如是否要求计算半成品成本)和简化核算的要求,各生产步骤成本的计算和结转,一般采用逐步结转和平行结转两种方法,称为逐步结转分步法和平行结转分步法。

1. 逐步结转分步法

逐步结转分步法是为了分步计算半成品成本而采用的一种方法,也称计算半成品成本分步法。它是按照产品加工的顺序,逐步计算并结转半成品成本,直到最后加工步骤完成才能计算产成品成本的一种方法。该方法按照产品加工顺序先计算第一个加工步骤的半成品成本,然后结转给第二个加工步骤,这时第二个步骤把第一个步骤结转来的半成品成本加上本步骤耗用的材料成本和加工成本,即可求得第二个加工步骤的半成品成本。这种方法适用于大量大批连续式复杂生产的企业。这种类型的企业,有的不仅将产成品作为商品对外销售,而且生产步骤所产半成品也经常作为商品对外销售。例如,钢铁厂的生铁、钢锭,纺织厂的棉纱等，都需要计算半成品成本。

逐步结转分步法在完工产品和在产品之间分配生产成本，即在各步骤完工产品和在产品之间进行分配。其优点如下：一是能提供各个生产步骤的半成品资料；二是为各生产步骤的在产品实物管理及资金管理提供资料；三是能够全面地反映各生产步骤的生产耗费水平，更好地满足各生产步骤成本管理的要求。其缺点在于成本结转工作量较大，各步骤的半成品成本如果采用逐步综合结转方法，还要进行成本还原，从而增加了核算的工作量。

逐步结转分步法按照成本在下一步骤成本计算单中的反映方式，还可以分为综合结转和分项结转两种方法。

综合结转法是指上一步骤转入下一步骤的半成品成本，以"直接材料"或专设的"半成品"项目综合列入下一步骤的成本计算单中。如果半成品通过半成品库收发，由于各月所生产的半成品的单位成本不同，因而所耗半成品的单位成本可以如同材料核算一样，采用先进先出法或加权平均法计算。

分项结转法是指将各步骤所耗用的上一步骤半成品成本，按照成本项目分项转入各该步骤产品成本明细账的各个成本项目中。

2. 平行结转分步法

平行结转分步法也称不计算半成品成本分步法，是指在计算各步骤成本时，既不计算各步骤所产半成品的成本，也不计算各步骤所耗上一步骤的半成品成本，而只计算本步骤发生的各项其他成本，以及这些成本中应计入产成品的份额，将相同产品的各步骤成本明细账中的这些份额平行结转、汇总，即可计算出该种产品的产成品成本的一种方法。

（1）成本核算对象和成本结转程序。

采用平行结转分步法的成本核算对象是各种产成品及其经过的各生产步骤中的成本份额。而各步骤的产品生产成本并不伴随着半成品实物的转移而结转。

（2）产品生产成本在完工产品和在产品之间的分配。

采用平行结转分步法，每一生产步骤的生产成本也要在其完工产品与月末在产品之间进行分配。但是完工产品是指企业最后完工的产成品；在产品是指各步骤尚未加工完成的在产品和各步骤已完工但尚未最终完成的产品。

这种方法的优点是：各步骤可以同时计算产品成本，平行汇总计入生产成本，不必逐步结转半成品成本；能够直接提供按原始成本项目反映的产成品成本资料，不必进行成本还原，因而能够简化和加速成本计算工作。

这种方法的缺点是：不能提供各个步骤的半成品成本资料；在产品的费用在其最后完成以前，不随实物转出而转出，即不按其所在的地点登记，而按其发生的地点登记，因而不能为各个生产步骤在产品的实物和资金管理提供资料；各生产步骤的产品成本不包括所耗半成品费用，因而不能全面地反映各步骤产品的生产耗费水平（第一步骤除外），不能更好满足这些步骤成本管理的要求。

二、实训资料

某企业生产 A 产品，分两个步骤由两个车间顺序加工而成。第一车间生产的 A 半成品完工后直接投入第二车间继续加工成 A 产成品。企业采用综合结转分步法计算产品成本。

三、实训要求

（1）填写下表，完成第一车间 A 半成品生产成本明细账（月末在产品按定额成本计价）。

生产成本明细账

第一车间　　　　　　　　　　　　　　　　　　　　　　　　　　A 半成品

单位：元

摘要	直接材料	直接人工	制造费用	合计
月初在产品成本	20 000	8 000	4 000	32 000
本月生产费用	50 000	30 000	20 000	100 000
费用合计				
完工半产品成本				
月末在产品成本				

（2）填写下表，完成第二车间 A 产成品生产成本明细账。

生产成本明细账

第二车间　　　　　　　　　　　　　　　　　　　　　　　　　　A 产成品

单位：元

摘要	直接材料	直接人工	制造费用	合计
月初在产品成本（定额）	16 000	10 000	8 000	34 000
本月生产费用		50 000	40 000	
费用合计				
完工半产品成本				
月末在产品成本（定额）	26 000	12 000	9 000	47 000

实训 8

作业成本法

一、实训目的

通过实训，使学生熟悉作业成本核算原理和一般程序，掌握作业成本核算基本方法，进一步熟悉成本会计核算工作。

作业成本法是将间接成本和辅助费用更准确地分配到产品和服务的一种成本计算方法。在计算产品成本时，首先按经营活动中发生的各项作业来归集成本，计算出作业成本；然后按各项作业成本与成本对象之间的因果关系，将作业成本分配到成本对象，最终完成成本计算过程。

作业是指企业中特定组织（成本中心、部门或产品线）重复执行的任务或活动。

一项作业可能是一项非常具体的活动，如车工作业；也可能泛指一类活动，如机加工车间的车、铣、刨、磨等作业可以统称为机加工作业。由若干个相互关联的具体作业组成的作业集合称为"作业中心"。

作业成本法的基本指导思想是："产品消耗作业，作业消耗资源。"第一阶段，将作业执行中消耗的资源分配到作业，计算作业的成本；第二阶段，根据第一阶段计算的作业成本分配到各有关成本对象。传统成本计算方法下间接成本的分配路径是"资源—部门—产品"；作业成本法下间接成本的分配路径是"资源—作业—产品"。

将成本分配到成本对象有三种不同的形式：

① 追溯，是指将成本直接确认分配到某一个成本对象的过程。

② 动因分配，是指根据成本动因将成本分配到各成本对象的过程。采用这种方式需要首先找到引起成本变动的真正原因，即成本与成本动因之间的因果关系。动因分配虽然不像追溯那样准确，但只要因果关系建立恰当，成本分配的结果同样可以达到较高的准确程度。

③ 分摊，有些成本既不能追溯，也不能合理、方便地找到成本动因，只好使用产量作为分配基础，将其强制分摊给成本对象。

作业成本法的独到之处，在于它把资源消耗首先追溯或分配到作业，然后使用不同层面和数量众多的作业动因将作业成本分配到产品。

作业成本法的优点有：

① 可以获得更为准确的产品和产品线成本；

② 有助于改进成本控制；

③ 为战略管理提供信息支持。

作业成本的局限性有：
① 开发和维护费用较高；
② 作业成本法不符合对外财务报告的需要；
③ 确定成本动因比较困难；
④ 不利于管理控制。

少数公司采用作业成本法，大多数公司没有采用。采用作业成本法的公司大多具有如下特征：

（1）从成本结构看，这些公司的制造费用在产品成本中占有较大比重。
（2）从产品品种看，这些公司的产品多样性程度高。
（3）从外部环境看，这些公司面临着激烈的竞争。
（4）从公司规模看，这些公司的规模比较大。

二、实训资料

某公司的主要业务是生产服装服饰。该公司的服装车间生产三种款式的衬衣和两种款式的西装。衬衣和西装分别由两个独立的生产线进行加工，每个生产线有自己的技术部门。五款服装均按批组织生产，每批 100 件。

该公司本月每种款式的产量和直接成本如下表所示。

产品品种	衬衣			西装		合计
型号	衬衣1	衬衣2	衬衣3	西装1	西装2	
本月批次	4	5	3	2	1	15
每批产量（件）	100	100	100	100	100	
产量（件）	400	500	300	200	100	1 500
每批直接人工（元）	1 650	1 700	1 750	2 200	2 100	
直接人工总成本（元）	6 600	8 500	5 250	4 400	2 100	26 850
每批直接材料成本（元）	8 000	9 000	10 000	12 000	16 000	
直接材料总成本（元）	32 000	45 000	30 000	24 000	16 000	147 000

本月制造费用发生额如下表所示。

项目	金额
生产准备、检验和供应成本（批次级成本）（元）	84 000
衬衣产品线成本（产品级作业成本）（元）	54 000
西装产品线成本（产品级作业成本）（元）	66 000
其他成本（生产维持级成本）（元）	10 800
制造费用合计（元）	214 800
制造费用分配率（直接人工）（%）	200

三、实训要求

按作业成本法填写下表。

第一步，计算作业成本动因的单位成本。

作业成本分配率的计算

作业	成本（元）	批次（批数）	直接人工（元）	分配率（%）
批次级作业成本				
衬衣产品线成本				
西装产品线成本				
生产维持级成本				

第二步，将作业成本分配到产品。

汇总成本计算单　　　　　　　　　　金额单位：元

产品型号	衬衣1	衬衣2	衬衣3	西装1	西装2	合计
本月批次						
直接人工						
直接材料						
制造费用						
批次相关成本：						
分配率（元/批）						
批次相关总成本						
产品相关成本：						
分配率（元/批）						
产品相关总成本						
生产维持成本						
分配率（元/每元直接人工成本）	10.06%	10.06%	10.06%	10.06%	10.06%	
生产维持成本						10 800
间接费用合计						214 800
总成本						
每批成本						
单件成本（作业成本法）						
单件成本（完全成本法）						
差异（作业成本－完全成本）						
差异率（差异/完全成本）						

实训 9 标准成本法

一、实训目的

通过实训，使学生熟悉标准成本的种类和制度，掌握成本差异的计算与分析、标准成本法的核算程序及账务处理方法。

标准成本法，又称标准成本制度或标准成本会计，是以标准成本为核心，通过标准成本的制定、执行、核算、控制、差异分析等一系列环节，将成本的核算、控制、考核、分析融为一体，实现成本管理目的的一种成本管理制度。

1. 成本标准的选择

（1）直接材料标准成本的计算。

$$直接材料标准成本=单位产品用料标准 \times 标准材料单价$$

（2）标准直接人工成本的计算。

$$标准直接人工成本=单位产品标准工时 \times 标准小时工资率$$

$$标准小时工资率=\frac{预算生产工人工资总额}{标准总工时}$$

说明：标准总工时是指生产人员在该期间法定工作时间内能够直接用于产品生产的时间。

（3）制造费用标准成本的计算。

$$制造费用的标准成本=工时用量标准 \times 标准制造费用分配率$$

$$标准制造费用分配率=\frac{标准制造费用总额}{标准总工时}$$

说明：标准制造费用总额是指预算产量下标准制造费用总额。

2. 标准成本差异的计算

标准成本差异是指产品的实际成本与产品的标准成本之间的差额，其计算公式如下：

$$标准成本差异=产品的实际成本-产品的标准成本$$

$$总成本 \begin{cases} 实际成本 = 实际产量 \times 实际单耗 \times 实际单价 \\ 中间变量 = 实际产量 \times 实际单耗 \times 标准单价 \\ 标准成本 = 实际产量 \times 标准单耗 \times 标准单价 \end{cases} \begin{matrix} \Big\} 价格差异 \\ \Big\} 数量差异 \end{matrix}$$

总差异＝数量差异＋价格差异

（1）直接材料差异的计算。

直接材料数量差异＝实际产量×（实际材料单耗－标准材料单耗）×标准单价

直接材料价格差异＝实际产量×实际材料单耗×（实际单价－标准单价）

（2）直接人工差异的计算。

① 生产时间人工费用差异的计算。

直接人工效率（数量）差异＝（实际产量×实际工时单耗－标准工时单耗）×标准小时工资率

＝实际生产工时×标准小时工资率－直接人工标准成本

＝实际生产工时×标准小时工资率－标准生产工时×标准小时工资率

直接人工工资率（价格）差异＝实际产量×实际工时单耗×（实际小时工资率－标准小时工资率）

② 非生产工时人工费用。

非生产工时人工费用的计算有两种处理方式：一种是直接并入生产工时，作为计算差异的实际工时的基数，相应地增大直接人工效率差异；另一种处理方式是将非生产时间工资单独计算，作为直接人工成本差异的一个独立组成项目。

（3）变动性制造费用差异的计算。

变动性制造费用＝实际产量×工时单耗×小时变动性制造费率

变动性制造费用差异＝变动性制造费用效率（数量）差异＋变动性制造费用耗费（价格）差异

变动性制造费用效率差异＝实际产量×（实际工时单耗－标准工时单耗）×变动性制造费用标准小时费用率

＝实际生产工时×标准小时费用率－变动性制造费用标准成本

变动性制造费用耗费差异＝实际产量×实际工时单耗×（实际小时费用率－标准小时费用率）

＝变动性制造费用实际成本－实际生产工时×标准小时费用率

（4）固定性制造费用差异的计算。

① 两差异法。

两差异法是指预算差异和产量差异。

预算差异也称耗费差异或价格差异，是实际固定性制造费用与预算固定性制造费用之间的差额；产量差异是由于产量的变化而形成的固定性制造费用的一种相对节约额或超支额。

固定性制造费用总差异＝固定性制造费用产量差异＋固定性制造费用预算差异

固定性制造费用预算差异＝（实际固定性制造费用－预算固定性制造费用预算）

＝实际产量实际工时×实际小时固定性制造费用率

－实际产量标准工时×标准小时固定性制造费用率

固定性制造费用产量差异＝（预算产量标准工时－实际产量标准工时）×单位产品固定性制造费用标准分配率

＝（预算产量标准工时－实际产量实际工时）×单位产品固定性制造费用标准分配率

② 三差异法。

三差异分析法实际上是将两差异法中的产量差异进一步分解为生产能力利用差异和生产

效率差异，而预算差异与两差异法中的预算差异相同。

固定性制造费用总差异=固定性制造费用预算差异+固定性制造费用生产能力利用差异
+固定性制造费用效率差异

固定性制造费用预算差异=实际产量实际固定性制造费用－预算产量标准固定性制造费用

固定性制造费用能力差异=固定性制造费用标准分配率
×（预算产量标准工时－实际产量实际工时）

固定性制造费用效率差异=固定性制造费用标准分配率
×（实际产量实际工时－实际产量标准工时）

二、实训资料

（1）A 棉制品加工有限公司 4 月份计划投产并完工棉被、棉布两种产品，耗用棉花的标准分别为 7 千克/件和 5 千克/件，材料标准单位成本为 16 元/千克。4 月份实际生产棉被、棉布两种产品的数量分别为 350 件和 200 件，实际耗用材料分别为 2 800 千克和 1 600 千克，其实际成本材料总成本为 51 750 元。

（2）某啤酒有限公司某月生产啤酒的有关资料如下。

啤酒期初在产品成本如下表所示。

期初在产品成本

数量：100　　　　　　　　　　　　　　　　　　　　　　　　　　　　　　　　　　　　　单位：元

产品品名	直接材料	直接人工	变动性制造费用	固定性制造费用	合计
啤酒	5 000	1 500	1 000	1 250	8 750

啤酒单位标准成本如下表所示。

啤酒单位标准成本

成本项目	直接材料	直接人工	变动性制造费用	固定性制造费用	标准成本
数量标准	30 千克	5 工时	5 工时	5 工时	
价格标准	1.5 元/千克	1 元/工时	3.5 元/工时	4 元/工时	
标准成本	45 元	5 元	17.5 元	20 元	87.5 元

（3）某工厂某月有关资料如下。

① 本月购进大麦两批，第一批 6 000 千克，每千克 10 元；第二批购进大麦 3 500 千克，每千克 12 元。本月生产啤酒领用 7 500 千克，材料发出采用先进先出法。原材料按实际成本核算。

② 本月实际耗用 2 160 工时，每工时的实际工资率为 2.5 元。

③ 本月实际发生的固定性制造费用为 36 000 元、变动性制造费用为 60 480 元。

④ 车间月生产能力为 4 200 小时，本月计划产量为 1 000 件；本月实际投产 1 000 件，实际完工 850 件，在产品 100 件。

⑤ 月末采用直接处理法结转成本差异。月末在产品的成本核算采用品种法，完工程度为 50%。

三、实训要求

(1) 按要求计算并将结果填写到画线处。

① 参考 A 棉制品加工有限公司 4 月份的生产资料，根据产品所耗用的标准材料耗用量，分配棉被、棉布产品应分摊的实际材料费用。

棉被标准用量（千克）：＿＿＿＿＿＿；

棉布标准用量（千克）：＿＿＿＿＿＿；

材料费用分配率：＿＿＿＿＿＿；

棉被应分配材料实际费用（元）：＿＿＿＿＿＿；

棉布应分配材料实际费用（元）：＿＿＿＿＿＿。

② 计算棉被材料费用的标准单位成本和实际单位成本。

棉被材料费用的标准单位成本（元/件）：＿＿＿＿＿＿；

棉被材料费用的实际单位成本（元/件）：＿＿＿＿＿＿。

③ 计算棉被材料费用的成本差异。

棉被材料费用成本总差异：＿＿＿＿＿＿；

棉被材料费用成本数量差异：＿＿＿＿＿＿；

棉被材料费用成本价格差异：＿＿＿＿＿＿。

(2) 参考某啤酒有限公司某月生产啤酒的有关资料，按要求计算各项成本差异，其中固定性制造费用采用三因素分析法，并将结果填写到画线处。

材料总差异：＿＿＿＿＿＿（元）；

材料数量差异：＿＿＿＿＿＿（元）；

材料价格差异：＿＿＿＿＿＿（元）；

直接人工总差异：＿＿＿＿＿＿（元）；

直接人工效率差异：＿＿＿＿＿＿（元）；

直接人工工资率差异：＿＿＿＿＿＿（元）；

变动性制造费用效率差异：＿＿＿＿＿＿（元）；

变动性制造费用费用率差异：＿＿＿＿＿＿（元）；

固定性制造费用耗费差异：＿＿＿＿＿＿（元）；

固定制造费用闲置能量差异：＿＿＿＿＿＿（元）；

固定性制造费用效率差异：＿＿＿＿＿＿（元）。

(3) 计算并填写啤酒成本计算单。

啤酒成本计算单

期末在产品：100 件　　　　　　　　　　　　　　　　　　　　　　　　　　　　单位：元

摘要	直接材料	直接人工	变动性制造费用	固定性制造费用	合计
月初在产品成本					
本月发生费用					
合计					
约当产量					
单位成本					
转出完工产品成本					
月末在产品成本					

(4) 编制产品完工入库会计分录。

记 账 凭 证　　　　　总号

年　月　日　　　　　___记字第　号

摘要	总账科目	明细科目	借方金额 亿千百十万千百十元角分	贷方金额 亿千百十万千百十元角分	√

会计主管：　　　　　记账：　　　　　审核：　　　　　填证：

欢迎广大院校师生**免费**注册应用

华信SPOC官方公众号

www.hxspoc.cn

华信SPOC在线学习平台
专注教学

- 数百门精品课 数万种教学资源
- 教学课件 师生实时同步
- 多种在线工具 轻松翻转课堂
- 电脑端和手机端（微信）使用
- 测试、讨论、投票、弹幕…… 互动手段多样
- 一键引用，快捷开课 自主上传，个性建课
- 教学数据全记录 专业分析，便捷导出

登录 www.hxspoc.cn 检索 华信SPOC 使用教程 获取更多

华信SPOC宣传片

教学服务QQ群：1042940196
教学服务电话：010-88254578/010-88254481
教学服务邮箱：hxspoc@phei.com.cn

电子工业出版社 华信教育研究所
PUBLISHING HOUSE OF ELECTRONICS INDUSTRY